多维视角下英语翻译探索

◎ 陈定刚 著

中国纺织出版社

图书在版编目（CIP）数据

多维视角下英语翻译探索 / 陈定刚著. -- 北京 : 中国纺织出版社, 2017.12（2025.5重印）
ISBN 978-7-5180-4486-3

Ⅰ. ①多… Ⅱ. ①陈… Ⅲ. ①英语－翻译－研究 Ⅳ. ①H315.9

中国版本图书馆 CIP 数据核字(2017)第 315125 号

责任编辑：汤 浩　　　　责任印制：储志伟

中国纺织出版社出版发行
地　　址：北京市朝阳区百子湾东里A407号楼
邮政编码：100124
销售电话：010－67004422 传真：010－87155801
http：//www.c-textilep.com
E-mail：faxing@c-textilep.com
中国纺织出版社天猫旗舰店
官方微博http：//weibo.com/2119887771
河北晔盛亚印刷有限公司印刷　　各地新华书店经销
2017年12月第1版　2025年5月第7次印刷
开　　本：787 × 1092　1/16　印张：12.125
字　　数：224 千字　定价：98.00 元

前 言

伴随教育教学改革的展开和经济全球一体化的发展，社会各行业对应用型翻译人才的需求量也在不断增多。作为为社会培养高素质翻译人才的重要基地，大学英语课程中翻译教学质量的高低，将会对复合型应用人才的培养产生极大的影响。同时，翻译作为一门重要的语言服务行业，其发展逐渐趋向于职业化、协作化，并对翻译实践本身和翻译人才的素质也提出了更高层次的要求。

近年来，涉及各类语言的翻译业务范围也在传统翻译的基础上有所扩大，翻译的职业化进程在逐步推进，甚至翻译内容的跨学科性也日益凸显，这些都体现了翻译及翻译行业发展的良好态势。随之，传统意义上对翻译的研究开始难以满足现实所需，翻译活动方式、内容随着实践与应用在迅速发展的同时，无形中凸显出对翻译原有认知的局限性。相应地，深化对翻译内涵本质的认识、理论的研究以及从多个维度来探究翻译就具有很强的现实意义。而英语是一门重要的国际通用语言，英语翻译在信息传播、国际交流、民族交往和文化传承等方面发挥着巨大的作用。在多维视角下组织大学英语翻译教学，改变大学英语翻译教学的策略，促进师生有效互动，英语语言知识双向传播，才更容易让英语翻译教学为大学生所接受。用跨文化教学内容的传播以及跨文化意识的建立，促进当代大学生能够用英语实现跨文化交际，促进学生形成地道的英语表达能力，才能让学生更好地为社会服务。

本书以英语翻译为核心，首先讲述了翻译的概念、价值、标准、过程，其次对英汉语言、思维和文化等进行对比分析，再次阐述了英语翻译的理论与技巧，最后对英语翻译与文化、美学、修辞、文体以及英语翻译与教学研究等多维的角度进行梳理和总结。

本书在写作过程中参阅了与翻译理论相关的各种文献与资料，同时借鉴了很多相关专家与学者的观点，在此谨表示最诚挚的谢意。由于作者写作水平有限，书中如有疏误实所难免，恳请广大读者不吝指正。

编者

2017 年 9 月

目 录

第一章 翻译概述

第一节 翻译的概念与价值

一、翻译的概念

什么是翻译？英国《牛津英语词典》给“翻译”一词的定义是 to turn from one language into another（从一种语言转换成另一种语言）。美国《韦氏新编国际英语词典》给“翻译”的定义是 to turn into one’s own or another language（转换成本族语或另一种语言）。英国《朗曼当代英语词典》给“翻译”的定义是 to change（speech or writing）from one language into another（将一种语言的言语或文字转变为另一种语言的言语或文字）。

自人类沟通交流开始，翻译活动就相伴相随。中国有文字记载的翻译活动始于公元前 1 世纪《越人歌》的翻译，西方最早的翻译是公元前 3 世纪《圣经》的翻译。在漫长的两千多年的翻译历史长河中，古今中外的翻译名家从不同角度对“翻译”进行了界定和阐释，反映出人们对翻译实践活动的认识。

最早的比喻性的界定者宋僧法云说：“如翻锦绣，两面俱华，但左右不同耳。”而后，后秦翻译家鸠摩罗什指出翻译“有似嚼饭与人，非徒失味，乃令呕哕也”。老舍提出“翻译不是结结巴巴的学舌，而是漂漂亮亮的再创造”。傅雷强调“翻译如临画，如伯乐相马，‘重神似，不重形似’，‘得其精而忘其粗，在其内而忘其外’”。翻译家萧乾慨叹“翻译好像走钢绳，实在艰难……”郭沫若则诙谐地指出“创作是处女，翻译是媒婆”。至于国外的比喻性界定，德国的施奈特格尔指出“艺术翻译是一种拼死拼活的决斗”。不过最为有名的，可以说是西方谚语“翻译即叛逆”。

后来，学者们开始从语言学角度界定翻译。美国著名语言学家、当代翻译理论之父尤金·A. 奈达（Eugene A. Nida）认为，“所谓翻译，是指首先在意义上，其次在风格上，用自然流畅的译语再现与源语信息最相当的对应信息”。我国著名翻译家张培基则认为，“翻译是运用一种语言（即译语 target language）把另一种语言（即源语 source language）所表达的思维内容准确而完整地重新表达出来的语言活动”。随着翻译实践活动的多元发展和人们对翻译认识的深化，学者们发现翻译不仅是一种涉及两种语言符号对应关系的技巧和能力，还是一种需要融合多种学科才能产生上乘译作的技艺（technology），包括语言学、文化人类学、心理学和交际学等。

分析上述几种说法不难看出，虽措辞不同，但一个共同点是显而易见的，即都认为翻译的本质在于传达“内容”“信息”，即“意义”，因此，翻译即译意。不过这里的意义是个多维概念，既含有基本义，也有文体、风格、褒贬等感情色彩附加义。翻译时若仅仅译出基本义，如将“When in Rome，do as the Romans do.”译为“入乡随俗”，则剥夺了译文读者对源语表达法背后深层文化涵义的了解；同样，将英语习语“In the kingdom of the blind，the one-eyed is the king.”翻译成“山中无老虎，猴子称大王。”，虽在基本语义上有异曲同工之妙，但“归化”味太重，似给人感觉作品谈论的是中国特有的事物，故为了完整、全面地表达原文意义，译为“盲人国里，独眼为王”似更好。

翻译定义的衍变反映了翻译实践活动的动态变化，并指导着翻译实践。语言学视角下的翻译定义从实用的角度科学地揭示了翻译的本质特征：翻译就是把一种语言文字（源语）所表达的意义完整、准确地用另一种语言文字（译语）表现出来，是一种比较性的、跨语言、跨文化、跨时间、跨空间的复杂的言语交际活动。

二、翻译的意义

在人类社会发展的历史上，语言交际一出现就伴随着翻译活动的进行，翻译是不同民族之间用不同的语言进行交际的不可缺少的手段。对于翻译的功能、意义和地位，古往今来有着许多不同的见解，有的弘扬，有的贬低，有的赞美，有的挖苦，各家之说，十分有趣，十分精辟。对于翻译的甘苦，也有许多精彩的比喻。其实考虑到所站立场与角度不同，说翻译是科学也对，是艺术也对，亦此亦彼。毫无疑问，各族人民的相互交往，自然少不了口头语言翻译的发生，口头语言的翻译必定早于书面语言的翻译。

文字出现以后，各民族间的翻译就愈来愈多。从广义上说，翻译学是研究翻译活动的内在规律与外部关系的科学，而从狭义上说，翻译是人类的一种特殊而具体的实践活动。进入21世纪，各国间的政治、经济、思想、文化、科学技术等的交往日趋频繁。我国在经济等方面正在与世界接轨，而进行现代化的建设，加强与世界各国的联系，所有这一切都离不开翻译。以文学翻译为例，是一种以甲种语言再现乙种语言所创作的艺术形象与美学价值的再创作活动，原作需要进行认识、构思与创作，翻译则需要以原作为基础进行再认识、再构思与再创作，翁显良先生也有过精彩之说：“翻译本来就是为他人作嫁衣裳，译诗固然要做他人的梦，咏他人的怀。”乔治·斯坦纳（美）说翻译家是“活生生的创作和幻影般的翻译这两个不可调和的主人的奴隶。”二者都“袒露着形象、驰骋着想象、浓缩着认识、饱和着情感”，只不过翻译的艺术是表达的艺术、再现的艺术，是翻译主体对客体的艺术加工与重构。在人类社会前进的过程中，翻译肩负着时代的需要、历史的重任，始终与社会的进步、文明的发展、科技的创新、人类的命运休戚与共、紧密相连。

第二节 翻译的标准与过程

一、翻译原则和标准

翻译的原则和标准实为同一事物的两个面。原则是就译者而言的，即译者在翻译时应遵循的原则；而标准则是就读者或评论家来说的，是评价译文优劣的标准。我国唐代翻译大师玄奘的译文体现了“既需求真，又需喻俗”的翻译标准。“求真”即忠实于原作，“喻俗”即译文应合乎汉语的表达习惯，能让译作的读者觉得通俗易懂。玄奘的“求真喻俗”反映了翻译的核心标准，与现代翻译标准相契合。我国清末民初翻译家严复提出了“信、达、雅”的翻译标准。“信”即译文应表现出作者的真实意图；“达”表示“译文应与原文表达同一个意思”；“雅”之意源自《左传·襄公二十五年》中的“言之无文，行之不远”，意思是如果译文没有文采，就传播不远。“信、达、雅”三者之间是相互关联的递进关系，“信”为基础，“达”为核心，“信、达而外，求其尔雅”。这三字翻译标准的提法简明扼要、层次分明、主次突出，虽争议颇多，却一直没有被翻译界摒弃。后人批判性地继承并发展了这一标准，将“信”解释为如实、恰当地运用现代汉语把原文翻译出来，译文要准确无误、忠实于原文；“达”是指译文应通顺畅达，符合现代汉语的语法及用语习惯，字通句顺，没有语病；“雅”是说译文要优美、自然、生动、形象，能完美地表达原文的写作风格。例如：

The commonest thing is delightful when if one only hides it.

译文 1：最普通的事儿，一经掩盖便显得很有趣味。（信）

译文 2：鸡毛蒜皮的小事，越是藏着掖着，越是叫人觉得新鲜。（达）

译文 3：极寻常之事，一经掩盖，便有不寻常之乐趣。（雅）

新闻标题汉译：

（1） Goldman Sachs：White-Hot， and Streaking Ahead

译文：高盛公司：炙手可热，勇往直前

（2） Too Much Cash，Too Little Innovation

译文：钞票多多，创新寥寥

（3） Goodbye to the Chip of the Future

译文：未来芯片，失去未来？

解析：上述例句中四字词的使用贴切的反映了原文内涵，而且使译文凝练达意、对仗工整、富有节奏、朗朗上口。译文在紧扣原文的基础上，选用符合原文含义的四字词，使译文与原文貌神俱合，增加译文的可读性、可欣赏性、简洁性及新闻韵味。

Nobody grows old merely by a number of years. We grow old by deserting our ideals.

译文 1：没有人变老仅仅是因为岁月，我们变老是因为抛弃了理想。（信）

译文 2：没有人会仅仅因为年岁的增长而变得衰老，我们是由于丧失了追求才变得衰老。（达）

译文 3：年岁有加，并非垂老，理想丢弃，方堕暮年。（雅）

解析：该例英文源自德裔美国作家塞缪尔·厄尔曼（Samuel Ullman）的散文作品《青春》，原文文字不像一般散文那样平铺直叙，而是如诗歌般的凝练热忱。本处所选的两个句子虽不是完全对等，但句式相同，结构基本一致，内容相互对照，且句子长度接近。译文 1 为直译，虽拘泥于原文的语序及句型，但准确译出了原文意思，可谓“信”；译文 2 不仅意思正确，而且根据中文思维习惯调整了语序，增加了一些文字，使译文的句意及因果关系表达得更为完整、生动，更符合现代汉语的语法及语用习惯，视为“达”；译文 3 是王佐良先生的译文，充分运用修辞手段和措辞艺术，用四字格和偶句对偶对译文进行了再创造，言简意赅，对称工整且颇具古风，使译文在“信”“达”的基础上，更进一步让读者体会到了原文的意境和写作风格等较为抽象的元素，具有一种接近诗歌的内在美感，达到了“雅”的翻译标准。

此外，我国译界大家从不同角度阐释了翻译标准和原则。鲁迅主张“宁信而毋顺”，译作“力求其易解”并“保持着原作的丰姿”。茅盾认为应忠实地传达原作的信息内容，忠实地传达原作的内容和风格，译文应明白畅达。钱钟书提出文学翻译的最高标准是“化”。把作品从一国文字转变为另一国文字，既不能因语言习惯的差异而露出生硬牵强的痕迹，又能完全保存原有的风味，那就算得上是入于“化”境了。瞿秋白主张在翻译中大胆地运用新的表现方式、方法，新的字眼，新的句法。刘重德提出了“信、达、切”的标准。他认为，严复的“信、达”两字仍可沿用，而“雅”字应改用“切”字，这是因为“雅”字实际上只不过是风格中的一种，和“雅”相对立的，就有所谓“粗犷”或“豪放”，而“粗犷”

和“文雅”显而易见是迥然不同的两种文体，因此翻译起来不能一律要“雅”，应该实事求是，酌情处理，恰如其分，切合原文风格。“切”指的就是要切合原文风格，适用于各种不同的风格。许渊冲提出了诗歌翻译的“三美”（音美、形美、意美）标准。辜正坤提出了关于翻译标准的“多元互补理论”，他认为翻译的最高标准是“最佳近似度”。无论是“信、达、切”“信、达、贴”“信、达、化”“神似”“化境”还是“翻译的最高境界是‘化’”“翻译必须重神似而不重形似”等，都以期修补、更新、完善我国大翻译家严复提出来的“信、达、雅”的翻译标准，可始终没有哪一种新提法能取而代之，因为“信、达、雅”言简意赅、主次突出、全面系统、完整统一。

关于翻译的标准，西方译论家作过不少论述，其中最全面、最具代表性的，当属英国的两位学者坎贝尔和泰特勒。1789 年，英国翻译家、学者乔治·坎贝尔率先提出了翻译的“三原则”，即译者必须：第一，准确地再现原作的意义；第二，在符合译作语言特征的前提下，尽可能地移植作者的精神和风格；第三，使译作至少具有原创作品的特性，显得自然流畅（Venuti，1995：75）。翌年，英国另一位翻译家亚历山大·泰特勒也提出了一个“三原则”，跟坎贝尔的“三原则”如出一辙：第一，译作应完全复写出原作的思想；第二，译作的风格和手法应与原作属于同一性质；第三，译作应具备原创作品的通顺（Lefevere，1992：128）。坎贝尔和泰特勒的两个“三原则”虽有措辞上的差异，但都以“忠实”为大前提，要求译文忠实地传达原作的内容，忠实地展现原作的风格，同时还要具有原创作品的通顺。

尤金·A. 奈达是西方语言学翻译理论学派的代表人物之一，他把信息论与符号学引进了翻译理论，提出了“动态对等”的翻译标准。奈达指出：“所谓翻译，就是指从语义到文体在译语中用最贴切而又最自然的对等语再现源语的信息”。奈达在《翻译理论与实践》一书中解释为：所谓最贴切的自然对等，是指意义和语体而言。但在《从一种语言到另一种语言》中，奈达又把对等解释为是指功能而言。语言的“功能”是指语言在使用中所能发挥的言语作用：不同语言的表达形式必然不同，不是语音、语法不同就是表达习惯不同，然而他们却可以具有彼此相同或相似的功能。奈达把翻译分为两种类型：形式对等翻译和动态功能对等翻译。翻译形式对等是以源语为中心，尽量再现原文形式和内容。功能对等注重读者反应，以最贴近、最自然的对等语再现原文信息，使译文读者能够达到和原文读者一样的理解和欣赏原文的程度。所谓“功能对等”，是指“译文读者对译文的反应等值于原文读者对原文的反应”。奈达强调“翻译必须以读者为服务中心”，故而一篇翻译作品的优劣必须以译文读者的客观反应，而不是译者本人的主观感觉为衡量标准。由于源语与译语之间存在着较大差异，实际翻译中的“绝对对等”（absolute equivalence）难以达到，只能“基本对等”（rough equivalence），因为“在翻译中要达到功能对等，使译文读者对所传信息的感情反应和原文读者的保持一致，是一个极其关键而又艰巨的问题”。从以下三种译文给读者的感受可见一斑。

It is seventy-two years since the first inauguration of a President under our National Constitution…I now enter upon the…task for the brief constitutional term of four years，under great and particular difficulty. A disruption of the Federal Union，heretofore only menaced，is now formidably attempted.

译文 1：自从第一任总统首次在我国宪法下宣誓就职以来，已经 72 年了。……我现在在巨大而特殊的困难中，接受了这一任务，按照宪法担任四年的短暂任期。联邦的分裂，以前一直是威胁，而现在被有力地尝试。

译文 2：我国第一任总统在宪法下宣誓就职已有 72 年了。……现在，我在巨大的特殊困难下接受这一任务，按照宪法规定担任短暂的四年总统职务。过去，联邦一直受到分裂的威胁，而现在这种危险越发强烈了。

译文 3：自首任总统据我国宪法宣誓就职至今已 72 载……在此特别危难之际，我行将供任……宪法规定之四年总统之职。我国联邦之分裂，昔日仅为危言耸听之词，而今已成殚精竭虑之举。

解析：这是林肯 1861 年总统就职演说的一部分。译文 1 仅按照英文原文直译，基本正确地翻译出了原文的意思，没有考虑翻译的其他因素；译文 2 内容正确，适当调整了原文的语序，更符合中文思维方式和现代汉语的语法及用语习惯；译文 3 综合考虑了说话人的语言风格和说话场合，达到了翻译的更高标准。众所周知，林肯总统的“葛底斯堡演说”堪称英语典范，其语言简洁明快，意义深刻，译文 3 用半文半白的语言代替白话以示庄重，又用“危言耸听之词”和“成殚精竭虑之举”这样的排比更为贴切地强调了林肯总统的说话语气和事态的严重性，符合林肯就职演说时的总统身份和场景，使译文忠实、通顺且功能对等。可见，同一句话因人物身份或写作风格的差异可以采用不同的翻译方法，因而产生效果不一样的译文。

中西传统译论对翻译的批评，大多追求译文与原文的对等，但随着翻译研究“文化转向”的到来，国内外越来越多的学者不再把目光局限于文本内字词的研究，而是投向文本产生的社会与文化环境，颠覆了传统译论中译文对原文的附属地位。翻译标准多元化推翻了两千年来翻译理论家们关于一个唯一正确、绝对实用、放之四海而皆准的翻译标准的设想，而是用一个辩证标准群取而代之。在这个标准群里有抽象标准和具体标准，有最高标准和临时性主、次标准等。所有这些标准都只有相对的稳定性，都在变动不拘的发展过程中相互对立、补充和转化。翻译是一种交流活动，翻译的原则和标准难以统一，故译文根据交流目的及译者对原文的理解可有不同。虽然如此，翻译原则和标准在内容、表达和风格三个方面有本质上的共通之处，即翻译时既要对原作负责，忠实地再现原作的思想、信息、体裁和风格，又要对译文读者负责，在忠实于作者原作的前提下，做到译文通顺易懂、明白晓畅，尽可能符合汉语的习惯。

二、翻译的过程

英语是综合性语言，属印欧语系（Indo-European family），汉语是分析性语言，属汉藏语系（Sino-Tibetan family）。这两种语言无论在语音、词汇系统还是句法结构方面都存在着不同程度的差异。因此，英汉互译的过程绝不是单纯地借助一两本字典查出生词，然后将源语转换成译语那么简单。那么一个完整的翻译过程包括哪几个阶段呢？各国的翻译家和学者对翻译的过程都有其独特的见解。尤金·A. 奈达认为翻译的过程是解码和编码的过程，共分为四个阶段，即分析、传译、重组和检验，其中分析是最关键的一个阶段。乔治·斯坦纳则将翻译的过程归为信任、进攻、吸收、补偿四个步骤。我国翻译界的学者普遍认为翻译过程包括三个阶段，即理解、表达和校核，理解是前提，表达是关键，而校核则是保证，三者循序渐进、缺一不可。

（一）理解阶段

理解（comprehension）可分为广义理解和狭义理解。广义的理解指对原文作者的个人、原文产生的时代背景、作品的内容的理解以及原文读者对该作品的反应。狭义的理解仅指对原作文本的理解，这种理解主要包括语法分析（grammatical analysis）、语义分析（semantic analysis）、语体分析（stylistic analysis）和语篇分析（text analysis）。理解是翻译成功的先决条件和重要步骤，务必准确可靠。翻译，首先要正确理解原文，明白文章论述的主要内容，通过综合分析、查阅词典与相关资料，来培养感觉、增强应变能力，达到准确表达原文含义的目的。翻译考查的是对文章细节的正确理解过程，比如说，要不断有意识地加强对词汇、短语以及疑难句子理解能力的培养。对于词汇和常用词组、短语等，应经常不断地去培养和训练对词义的理解能力，掌握语言习惯表达方式，从而提高常用语言的表达能力。对于句子则要着重培养训练对长句和难句的理解，采用上下文中提供的语言信息以及语言表达中的逻辑关系认真分析句子中字里行间所隐藏的语言信息，以提高识别语言信息和准确表达语言的速度和准确性。加强对一些特殊的语言点的专门记忆也是翻译考查中的一个十分重要的步骤。

对于译文中的中英文句子的理解和表达，既要注重表面上表现出来的词汇和语言结构提供的语言信息，又要掌握其隐藏的、更具有表达原文含义的深层含义。译者既要了解词汇和语言结构本身传递的语言信息，还要懂得上下文中的逻辑关系，同时还要体味作者的语言特色、制造的意象以及采用的修辞手法等。翻译的理解是综合性的，但绝非断章取义。

正确理解文章含义应注意以下几个问题。

（1）确定主旨。主旨，就是文章表达的主要内容，是所含信息最核心的部分，对于整篇文章的正确理解起着决定性的作用，因此对主旨的理解能力和总结能力是一个好的译者必须具备的素质。

怎样准确地找到主旨呢？必须注意做到以下几点。

①培养概括总结所读材料主要内容的能力。对主要内容的概括和总结，并不仅仅是指找到文章论述或描写的主要人物和事物，还应该包括文章所传达出来的能够体现叙述描写对象主要特征的概括性信息。要做到这一点，就要在平常的阅读训练中养成随读随想的习惯，因为文章中心的概括往往就是将文章的各段（或文段的各层）概括的有机结合，因此随时总结归纳更有助于及时地明了中心内容。

②要抓住主题。英文中大部分行文很明确，总能找到某一个句子表达了文章的主要内容，这个句子被称为主题句；抓住主题句是归纳中心的一个捷径。

主题句的特征有：概括了文章的主要内容；句子简洁明了；其他句子是围绕主题句展开阐述的。主题句的位置，以段落而言，通常都在段首，次之在段尾，偶尔也会在中间。以文章而言，情况相似，中心多在首尾，极个别情况在中间某段。例如：

Some students prefer a strict teacher who tells them exactly what to do. Others prefer to be left to work on their own. Still others like a democratic discussion type of class. No one’s teaching method can be devised to satisfy all students at the same time.

这是一段主题句在段末的文章。前三句分别叙述了三种学生喜欢不同的教学方法，末尾则讲设计出一套同时让所有学生都满意的教学方法是不可能的，显然末句是对前三句意思的总结。

（2）事实辨别。阅读理解，把握主旨是首要的问题，但也绝不能忽略作者用来铺垫结论和阐述论点的细节和事实。所谓事实，就是文章主旨框架下的具体填充物，包括作者得出结论前铺设的论述，阐述论点时所引证的依据以及为了使原理更清楚易懂而使用的实例等。弄清楚了文章中的事实，有助于更好地概括归纳中心思想。阅读理解中关于事实题的常见出题形式主要有两种：一是问句式的，就是要求回答原文中一些有关论述或叙述要素的提问，如关于what，who，when，where，how，why，how much（many）等的特殊疑问句或者要求判断正误的true或not true的一般疑问句；二是填充式的，给一个有关事实的不完整句子来完形填空。无论题目以哪一种形式出现，其选择的特征都是用不同的表达方式来再现原文中的有关事实或者对其进行概括。干扰项可能与原文事实部分不符或完全不相符，有时则没有涉及。这类事实题仍旧是表层阅读能力的考查，一般都能从原文中直接印证答案，因此事实题的解答关键，是要抓住题设中的核心词语的指向，有针对性地查找有关信息，做到有的放矢。在查找过程中，要注意一些易出错的关键点，如动词的时态、语态、语气及情态、部分否定与完全否定等，切忌脱离原文主观臆断。

迅速确定有关事实的主要方法是寻找结构信息词语，这些标志性词语有：for example/instance，as an example，firstly/secondly/thirdly，on the other hand，one...another，then next，at last/finally，likewise，also/too，otherwise, however，but，though，on the contrary，because，for，thus，therefore，as a result of，in a word，in short，briefly，that's to say等。

文章所强调的具体事实往往就出现在这些标志性词语的后面，阅读时要特别注意，最好是随手标记，以便能迅速查找。

（3）指代关系的推定。英文的一个重要原则是避免上下文的重复，因此经常用替代性的词语来指示已提到过的人和事物。替代性词语主要有各种代词、名词以及指示副词。如果弄不清这些词语的指代对象，就会造成对所读对象的理解性混乱，或找不到某个动作的主语，或安错了主谓结构，直接影响对整篇文章的理解。

（4）常识推理。有许多翻译文章是关于日常生活和人文科技方面的普及性知识。如果仅凭材料提供的信息是远远不够的，应结合相应的常识进行理解，因此，在提高翻译理解能力的同时要尽量扩大知识面，其目的也正在于此。

（5）逻辑推理。逻辑推理是一种较为复杂的过程，对译者的能力要求比较高。需要具备综合分析、寻求合理结论的能力；根据语境体会隐含意思的能力；从文中论点出发，选择恰当论据的能力；对事物进行比较，做出确切评论的能力；从实例出发，类比联想的能力；追溯原因、预测发展的能力……弄清文章主旨含义，理清思路，理顺线索，应用正确的推理方法，按照逻辑步步深入。

（6）分析行文结构。文章是一个有机的整体，分析作者行文的结构，理清作者的思路，这样能够对文章有一个宏观的深层把握，而不仅仅拘泥于表面的文字，因此应该了解行文中谋篇布局的常见结构，掌握分析结构的能力。

①推断作者思路，推理所给文段的上面一段或下面一段的主要内容。首先是要抓住文章（或段落）的头尾两个部分，寻找提供明确线索的承上启下的过渡句；如果没有过渡句，其次是要仔细分析文段中与主题有关应阐述而未阐述或者作者已经暗示转折的内容，这些都极有可能是上面一段或下面一段中的主要内容。分析时，注意一定要从所给的文段出发，不能跳跃得太远而造成风马牛不相及，也不要把已阐述的内容误认为还要继续说明。

②分析所给文段的写作方法，总结行文结构的特点。这就涉及方法技巧上的知识，译者要具备一些这方面的常识。什么是 a general concept is defined and then example on given（例证），什么是 a statement illustrated by an analogy（类推），什么是 a conclusion drawn from the two examples contrasted（比较）。在分析时，关键是既要抓住起连接作用的标志性信息词（如 for example，while，however），又要弄清各层意思之间的逻辑关系。

③把握作者某个细节的写作目的。这既要求译者掌握写作的方法技巧方面的知识，又要具有分析相关语境、理清文句之间逻辑关系的能力。

（7）判断作者立场态度及文章笔调。文章是一种主观的产物，特别是叙述描写和议论性的文章，在传达作者思想的同时，字里行间流露出作者的态度，而态度常常体现为某种笔调，因此文章的主旨、作者的态度和写作的笔调三者之间密不可分。关键是注意以下几点。

①要切实把握文章的中心思想。不同的写作对象、写作目的，作者会倾注不同的感情，持不同的态度，表现为不同的笔调，这一切都是围绕中心思想的，都是中心思想的具体体现。

②要联系题材分析。不同的题材，作者主观性的成分会有所差异，同时所采取的写作方式和笔调也会大不相同。

③要注意具体的遣词用句。尤其是在思想感情较多、较直接流露的地方，要看作者具体用了哪些词、哪些句式。比如贬义词、褒义词、短句、长句、排句等体现的语气缓急、立场态度、感情观点，都是重要的线索。

④注意作者直抒胸臆的呼吁性句子，是感情最直接的体现。

⑤留心某些写作技巧，如用反语表示讽刺和否定，不要把意思弄反了。

⑥注重首尾，这里是作者表述观点最常出现的地方。

（8）分析语法结构。语法分析区分为句法分析和语义分析，句法分析是分析语法结构单位的句法层次和句法关系，语义分析则是分析语法结构单位之间的语义关系。从理解的角度来看，对一个结构体的句法结构理解和对语义关系的理解也属于不同的层面。句法结构理解往往是要了解同一句法层次上的直接句法成分之间的句法关系，至于了解直接句法成分之间的语义关系，则属于语义关系理解。语义关系的理解不仅要了解直接句法成分之间的语义关系，还要了解不同句法层次上相关的语法单位之间的语义关系。主要针对一些疑难句来说，利用语法结构知识弄清句子内部的逻辑关系，使一些看起来不知所云的句子意思逐步明朗，也可以对层次重叠的复杂长句进行解构，确定正确的表达顺序。例如：

It could be argued that the radio performs this service just as well，but on television everything is much more living，much more real.

译文：可能会有人说，无线电广播同样能做到这一点。但在电视荧屏上，每个节目都显得更加生动、更加真实。

解析：这个句子较长，但经过语法分析发现是一个主语从句，从而对原句解构，理出恰当的表达顺序。

（二）表达阶段

表达就是精心选择最恰当的汉语词句，把已经完全理解的英语原作内容重新表达出来的过程。准确、全面地理解原文为表达奠定了基础，表达可以反映理解的程度，但理解正确并不意味着必然可以用恰当的汉语表达出来。此外，表达的质量不仅取决于译者对原文理解的深度和广度，还取决于译者的汉语功底和文学素养，而且还涉及英汉翻译技巧。表达更带有艺术性，需要技巧。请看下面例句。

Edison，who did not receive much formal education，became one of the world's greatest.

译文：虽然爱迪生没有受过多少正规教育，却成了世界上最伟大的发明家。

解析：这一句用了将非限制性定语从句翻译成让步状语和拆句的翻译技巧。

Heightened environmental consciousness，changing trade pattern，and emerging high technology are all having a major impact on the nature of the basic metals industries.

译文：对主要金属工业的性质产生深远影响的三个主要因素是：日益增强的环保意识、贸易格局的变化及新兴的高科技。

解析：译文采用了逆序法和增补法两种翻译技巧。

以上两个例句说明了英译汉翻译技巧的必要性。

（三）校核阶段

核校是翻译的最后阶段，也是必不可少但往往容易被人忽略的阶段。核校可以在完成翻译后立即执行，也可以在翻译完成后搁置数日再进行。在校核阶段，译者应仔细对照译文与原文，核对一词一句乃至一节一章的意义是否相符、功能是否相似、标点符号是否合适、数字是否正确、原文信息在译文中是否有遗漏之处等，不可马虎。译者还应将译文通读几遍，再次从宏观上把握译文的整体效果，不妥之处再做修改，力争实现译文与原文在意义上尽可能相符，在功能上尽可能相似。当然，若有他人帮忙核对，换一双眼睛，从不同的角度以不同的观点审核译文，更可能发现不易发现的问题，有利于改进译文质量。

一般情况下，在校核阶段，译者特别要留心以下事项。

（1）是否存在漏译或错译，尤其涉及数量、时间、地点、人物等方面的内容。

（2）是否存在欠额翻译（undertranslation）或过载翻译（overtranslation）现象。

（3）译文语言是否存在“硬伤”，如英式汉语、汉式英语（这一点相对难些）、拼写错误、错别字、语法错误等。

（4）译文风格与原文风格是否一致。

（5）语言表达是否前后一致（consistency），如这段用美式拼法，那段又采用英式拼写，表明自己英美语言都会，这样不可取。

（6）通常情况下，译文至少需校两遍。第一遍侧重核实原文内容，第二遍侧重译文语言润色。如果可能的话，做第三遍校对，即对照原文再通读一遍译文，以做到“精译求精”。

第三节 译者应具备的素质

不言而喻，翻译质量的优劣取决于译者能力的高低。美国翻译理论家奈达在谈及译者能力时认为，译者应具备四方面的基本功，即双语能力、双重文化修养、专业知识和表达能力。优秀汉英翻译人员相比一般的译者，首先要有熟练运用英语和汉语两种语言文字的能力，在深入理解原文的过程中，要能够识别和透彻理解两种文化的内容实质，洞察两种语言的文化差异，合理把握可译性的灵活尺度。在表达过程中，应该更加注意行文自然地道，符合目的语读者的言语习惯。此外，不能忽视语言表达形式所蕴含的联想意义，以免不同文化身份的读者产生不同的文化误解。为了提高译文的质量，译者要对读者群的国情民风、社会文化、传统习俗等各方面有所涉猎，尤其是时文的笔译工作（相对口译来说），见诸文字，一字一句，立见功底。

此外，译者要有对读者负责任的精神。我们可以看到，某些旅游手册的翻译、企事业单位及其产品简介的翻译、教辅材料的参考译文，还有一些当代流行文学作品的翻译中误译、漏译、改译、乱译甚至胡译的现象时有发生。这些虽不是翻译界的主流，但其负面影响是巨大的。错误的翻译不仅误导读者，也有损中国翻译人的整体形象。

总之，翻译既需要译者有深厚的语言功底和广博的知识面，又要有娴熟的翻译技巧和丰富的翻译经验，更需要译者有较强的政治素养、健全的道德规范和较高的政治觉悟，才能不辜负时代赋予我们的使命，把翻译工作推向一个崭新的高度。

第二章 英汉语言、思维和文化的对比

第一节 英汉语言对比

语言学家对世界上的语言进行了分类，汉语属于汉藏语系（Sino Tibetan Family），英语则属于印欧语系（Indo．European Family）。

汉藏语系又叫藏汉语系，包括四百余种语言和方言，包括汉语、藏缅、苗瑶和壮侗（又称侗台）四个语族，主要分布在亚洲东部、中部和东南部；印欧语系又称印度日耳曼语系，是当今世界分布最广的语系，几乎涵盖了整个欧洲、美洲、大洋洲，以及非洲和亚洲的部分地区，其中英语属于日耳曼语族中的西日耳曼语支。

汉语和英语都是联合国使用的工作语言，作为世界上使用人数最多和适用范围最广的两种语言，汉语和英语有不少相似之处，同时也有很大的不同。接下来我们将从词汇、句法和语篇这三个方面对汉语和英语进行对比学习。

一、英汉词汇对比探究

词是由语素（语素是语言中最小的音义结合体）构成，是比语素高一级的语言单位。词是最小的能够独立运用的语言单位。

汉语的语素多为单音节，而词大多为双音节。随着时代的发展，汉语词汇越来越向双音节为主流的复合式词汇靠拢。英语作为世界上使用最广泛的语言，其词汇量之大居世界首位，其中一个重要的原因是英语中有大量外来词汇。汉语和英语都有实词和虚词。但是英语没有量词，如a book（一本书），a car（一辆车），an umbrella（一把伞）等，汉语没有冠词，在汉英翻译时要加以注意。

汉语和英语词汇涵盖面宽窄不同，搭配习惯也迥然不同。接下来我们会从构词和词义两方面来对比汉英词汇的相同点和不同点。

（一）汉英构词对比

汉语和英语都可以通过音变法（sound-changing）、缩略法（abbreviation）、合成法（compounding）、缀合法（affixation）组成新词。

音变法，简言之就是通过语音变化产生新词的方法。

汉语可以通过改变声母和韵母构成新词。例如，还（hai）是个副词，表示“现象继续存在或者某个动作继续进行；仍旧”，而还（huan）是个动词，意为“归还；返回原来的地方或回复原来的状态”。传（zhuan）是名词，意思是“著作、传记”；传（chuan）是个动词，表示“由一方交给另一方”。在英语中则可以通过改变元音或辅音来构成新词，如 use / ju:s / （*v.* 使用），use / ju:z / （*n.* 用途、用法）。

另外，汉语还可以通过改变声调来构成新词，如奇（qí）是个形容词，意为“罕见的、特殊的”；奇（jī）同样为形容词，但意思是“单的，不成对的”。在英语中，则可以通过改变重音的位置来构成新词，如 record / ri'kɔ:d / 为动词，意为“记录，记下”；record / 'rek ɔ:d / 为名词，意为“记录，唱片，经历等”。

缩略法，顾名思义就是把原来的词加以省略或简化而构成的词。汉语缩略词有很多，如“南京师范大学”可以缩略为“南师大”；“北京大学”为“北大”；“外语教学与研究出版社社”为“外研社”等。

英语的缩略词可以通过缩减字母来形成。英语缩略词有四种构成方式：截除法、首字母缩略法、首字母拼音词和拼缀词。截除法是指将原词的某一或某些音节截除，如 exam ← examination（考试），phone ← telephone（电话），flu ← influenza（流行性感冒），pacifist ← paeificist（和平主义者）等；首字母缩略词是指利用词的第一个字母代表一个词组的缩略词，如 BBC ← British Broadcasting Corporation（英国广播公司），ISBN ← International Standard Book Number（国际标准书号），GATT ← General Agreement on Tariffs and Trade（关贸总协定）等；首字母拼音法就是把用首字母组成的缩略词拼读成一个词，如 AIDS ← Acqmred Immune Deficiency Syndrome（艾滋病），NATO ← the North Atlantic Treaty Organization（北大西洋公约组织）等；拼缀法是指一个词失去部分或者各个词都失去部分音节后连接成一个新词，如 smog（烟雾） ← smoke（烟）+fog（雾），brunch（早中饭）← breakfast（早饭）+lunch（午饭），comsat（通讯卫星）← communication（通讯）+satellite（卫星）等。

合成法是指有两个或两个以上的词根组合在一起而构成新的名词、动词或形容词等的构词方法。

合成法是汉语构词的另一个主要方法，可以用来构成名词、形容词、副词、动词，一般可以通过主谓、动宾、动补、并列等方法组合。例如：

主谓关系：心跳、心寒、心疼、眼看、眼花、胃痛等

动宾关系：举重、签名、吹牛、唱歌、说话等

动补关系：过去、走来、赶快、发出等

并列关系：房屋、乡村、抛弃、波浪等

英语中的合成词可由两个或两个以上的语素构成。可以构成新的名词，如

rainfall，earthquake，playboy，sunshine，pickpocket等；构成新的动词，如spring-clean，overestimate，undergo，undertake等；构成新的形容词，如homemade，hardworking，duty-free，time-consuming等；构成新的副词，如overnight，offhand等。合成词在英语中最大的特点就是词性比较明显，并占有很大的比例。

缀合法是将不能单独成词的语素即语缀，附加在词干后面构成新词的方法。汉语的前缀和后缀比英语少得多，英语的前缀有115个，后缀有222个，而汉语的前缀仅为51个，后缀110个（魏志成，2003：105）。

汉语词缀的字形与词根没有差别，包括名词前缀“老-”“阿-”“非-”等，名词后缀“-子”“-儿”“-性”“-家”等，形容词后缀“的”，副词后缀“地”，动词后缀“着”“了”“过”等。由此构成的词语如：阿姨、老师、非生物、桌子、花儿、民族性、科学家、美丽的、快乐地歌唱、说着、红了、吃过等。

英语词缀的词形和词很不相同，很多都是不能独立成词的语缀，包括前缀in-，all-，under-等，后缀-er，-or，-hess等，由此构成的词如insufficient，un necessary，undertake，employer，inventor，goodness等。

汉语和英语中还存在着大量的借词，由于经济全球化、各国文化交流更为频繁，当某种物品的名字在交流的一方中并不存在，或者其中一方特别强大时，借词就产生了。所谓借词，顾名思义就是一种语言从另一种语言中“借”来的词。借词通常用音译、意译或音意结合的方式组成。

汉语中音译英语借词有：沙发（sofa）、拷贝（copy）、夹克（jacket）、沙龙（salon）、扑克（poker）等；意译借词包括：黑板（blackboard）、足球（football）、电话（telephone）、蜜月（honeymoon）、银行（bank）等；音意结合的词有：俱乐部（club）、基因（gene）、香波（shampoo）、冰激凌（ice cream）等。

英语中音译汉语的借词有kung fu（功夫），makjiang（麻将），tea（茶），jiaozi（饺子），tofu（豆腐）等；意译借词有moon cake（月饼），gold fish（金鱼），Chinese rose（月季），panda（熊猫）等；音意结合的词有Peking Opera（京剧）等。

另外，汉语还可以通过重叠法构成新词，即通过重叠部分或全部语素的方法构成新词。汉语的名词、量词、动词、形容词都可按一定的格式重叠成新词。例如：

（1）AA：爸爸、看看

（2）AAB：毛毛雨、洗洗手

（3）BAA：眼巴巴、乱蓬蓬

（4）AABC：脉脉含情、楚楚动人

（5）BCAA：衣冠楚楚、风雪茫茫

（6）ABAC：一举一动、一针一线

（7）ABAB：研究研究、比试比试

汉语散文中，在描写景物的时候往往使用大量重叠词。例如，朱自清在《荷塘月色》中的一段：

沿着荷塘，是一条曲折的小煤屑路。这是一条幽僻的路；白天也很少人走，夜晚更加寂寞。荷塘四面，长着许多树，蓊蓊郁郁的。路的一旁，是些杨柳，和一些不知道名字的树。没有月光的晚上，这路上阴森森的，有些怕人。今晚却很好，虽然月光也还是淡淡的。

Alongside the Lotus Pond runs a small cinder footpath. It is peaceful and secluded here，a place not frequented by pedestrians even in the daytime；now at night，it looks more solitary in a lush，shady ambience of trees all around the pond. On the side where the path is，there are willows，interlaces with some others whose names I do not know. The foliage，which，in a moonless night，would loom somewhat frighteningly dark，looks very nice tonight，although the moonlight is not more than a thin，grayish veil.（朱纯深译）

此段中的“蓊蓊郁郁”，除了有“茂盛”（luxuriant）意思外，由于叠声的效果，还带有一种朦胧迷离的韵味。从上下文看，甚至还透出作者“郁郁”的心境，所以译文用 lush，shady ambience 来表达这种意味。

（二）汉英词义对比

汉语和英语虽属于不同的语系，特点迥异，但都拥有丰富的词汇量。汉语以其悠久的历史和复杂的词汇组合能力著称；英语从拉丁语、古法语及其他各种语言中吸收了大量词汇，成为词汇量非常丰富的现代语言。从词汇的意义来看，汉语和英语的词义涵盖面不一定相同。

由于自然环境、思维方式、社会历史，文化传统的不同，两种语言中存在许多意义不相对应的词，如汉语“山”一词，是各种山脉的总称，在英语中，有 hill，mountain，jebel 来表示各种具体的山：hill 在英语中的意思是“all area of land that is higher than the land around it, but not as high as a mountain”，即“山丘、小山”；mountain 意为“a very high hill, often with rocks near the top”，即“高山”；jebel

也是指“高山”，是从阿拉伯语中借来的新词。由此我们可以看出，汉语中有许多词在英语中是无法找到完全对应的译语的，所以在处理这类词汇时要特别注意。

下面几例是许地山的《落花生》中“说”的几种译法。

（1）我们屋后有半亩隙地。母亲说：“让它荒芜着怪可惜，既然你们那么爱吃花生，就辟来做花生园吧。”

At the back of our house there was half a mu of unused land. “It’s a pity to let it lie idle like that,” Mother said. “Since you all enjoy eating peanuts, let us open it up and make it a peanut garden.”（刘士聪 译，下同）

（2）妈妈说：“今晚我们可以做一个收获节，也请你们的爹爹来尝尝我们的新花生，如何？”

“Let’s have party tonight to celebrate,” Mother suggested, and ask dad to join us for a taste of our fresh peanuts.

（3）“谁能把花生的好处说出来？”

姐姐说：“花生的气味很美。”

哥哥说：“花生可以制油。”

我说：“无论何等人都可以用贱价买它来吃，都喜欢吃它。这就是它的好处。”

“But who can tell me what the peanut is good for?”

“It is very delicious to eat.” My sister took the head.

“It is good for making oil,” my brother followed.

“It is inexpensive,” I said. “Almost everyone can afford it and everyone enjoys eating it. I think this is what it is good for.”

例句（1）是文章刚开始的时候“母亲”说的一句话，因而将“说”译成简单的“said”。例句（2）发生在花生收获后，母亲“说”，根据上下文，这里的“说”接近于“建议”的意思，故而翻译成“suggest”。例句（3）有三个“说”，为了避免单调和突出时间顺序，译者将第一个“说”译为 tookthehead 强调了第一个说，第二个“说”译为 follow 更能体现时间概念，体现了英语独特的思维。

（三）汉英词义关系

不同的语言文化导致了汉英词义关系的复杂性。汉英词义一般有三种关系：（1）词义相符，即指称意义和蕴含意义相符；（2）词义相异，即指称意义相符但是蕴含意义相异，或指称意义与蕴含意义都不同；（3）词义空缺，即汉语的指称意义或蕴含意义在英语中不存在，造成零指称意义或零蕴含意义。

1. 词义相符

不同的语言也有词义相符的时候，因为人们所处的环境大致相同，对于一些基本文化现象的认知差不多都相同。例如，水（water）、阳光（sunshine）、医生（doctor）、学生（student）、温室效应（greenhouse effect）等这类汉语词汇都可以在英语中找出词义相符的词语译出。

在汉译英过程中，寻找词义相符的对应语时易犯逐次翻译的毛病，找到假对应词，在翻译时要特别注意。例如：

学习知识 to learn knowledge（正确对应语为 to acquire knowledge）

盐水 salt water（正确对应语为 salt solution）

2. 词义相异

词义相异有两种情况。

第一种是指称意义相符，蕴含意义相异。例如，松、梅、竹（“岁寒三友”，蕴含不畏严寒，傲然风雪的品德）。然而，英语中 pine trees，plum blossoms，bamboo 不具备上述蕴含意义。

第二种情况是指称意义和蕴含意义相异。如“凤凰”是“古代传说中的百鸟之王，羽毛美丽，雄的叫凤，雌的叫凰。常用来象征祥瑞。”（《现代汉语词典》，1996 版）phoenix 在英语中的释义为“a magic bird that lives for several hundred years before buming itself and then being born again from its ashes”（*Oxford Advanced Learner's English-Chinese Dictionary*），指称意义与蕴含意义均与汉语“凤凰”不同。

3. 词义空缺

词义空缺是文化现象空缺的结果。表示独特文化的词语在另一种语言文化中很有可能找不到与之对应的词，所以在翻译时需要用音译、意译或其他方式来表达。

希望工程 the project or program that help the poor school children

三八红旗手 a woman pace—setter

粽子 zongzi—made of glutinous rice

观音 Buddhism guanyin, the goddess of mercy

土地庙 the protective shrine of the land god

辛亥革命：the Revolution of 1911—the Chinese bourgeois democratic revolution led by Dr. Sun Yatsen which overthrew the Qing Dynasty

钱先生周岁时“抓周”，抓了一本书，因此得名“钟书”

When Qian was just one year old, he was told by his parents to choose one thing among many others. He picked up a book of all things. Thereupon his father very gladly gave him the name—Zhongshu（=book lover）.

二、英汉句法对比探究

（一）句子的概念

句子是语言运用的基本单位，它由词、词组（短语）构成，能表达一个完整的意思，如告诉别人一件事，提出一个问题，表示要求或者制止，表示某种感慨，表示对一段话的延续或省略。句子和句子中间有较大停顿。它的结尾应该用上句号、问号、省略号或感叹号。在英语中，句子为sentence，定义为（grammar语法）“a set of words expressing a statement, a question or all order, usually containing a subject and a verb. In written English sentences begin with a capital letter and end them a full stop（.）, a question mark（?）or an exclamation mark（!）.”（*Oxford Advanced Learner's English-Chinese Dictionary*）从汉语和英语对于句子的定义来看，汉语句子为语义型，英语句子为语法型，也就是说汉语句子的依据为语义，而英语句子的依据为语法。

（二）句子的类型

按用途和功能来分类，汉语和英语句子都可以分为陈述句、感叹句、祈使句和疑问句。陈述句是指陈述一个事实或说话人的看法；感叹句指抒发某种强烈感情的句子；祈使句是指表示要求、命令、劝告或建议的句子；疑问句是指用来提出疑问的句子。

从结构上来说，汉语的句子一般遵循思维逻辑的先后顺序、事情发生的时间或逻辑顺序的原则，表达出相对完整的句子，句号的位置很有弹性。例如：

正是热闹哄哄的时节，只见那后台里，又出来一位姑娘，年纪约十八九岁，装束与前一个毫无分别，瓜子脸儿，白净面皮，相貌不过中人以上之姿，只觉得秀而不媚，清而不寒。

（刘鹗《老残游记》第二回）

Amidst the feverish bustling, there appeared on the stage a girl about eighteen or nineteen years old, dressed up just like the former. Her face was shaped like melon-seed. Her beauty was above the average woman—charming but not coquettish, and a elarity of complexion but not coldness.

而语法型的英语则遵循“主语（S）— 谓语（V）”原则，延伸出 7 种基本句型。

（1）主语（subject）+ 谓语（verb）

I’ m eating.

（2）主语（subject）+ 谓语（verb）+ 宾语（object）

I’m eating a cake.

（3）主语（subject）+ 谓语（verb）+ 补足语（complement）

The leaves have become green.

（4）主语（subject）+ 谓语（verb）+ 状语（adverbial）

He’s not here.

（5）主语（subject）+ 谓语（verb）+ 间接宾语（indirect object）+ 直接宾语（direct object）

I give her a gift.

（6）主语（subject）+ 谓语（verb）+ 宾语（object）+ 补足语（complement）

I think the party wonderful.

（7）主语（subject）+ 谓语（verb）+ 宾语（object）+ 状语（adverbial）

I left the children at home.

在汉译英过程中，我们要根据汉英句型的不同选择合适的译语。

（三）意合与形合

汉语和英语句子结构的差异不仅表现在句子外部结构上，更体现在句子的内部关系上。汉语的句法特征表现为意合，注重隐性关联，强调逻辑关系和意义关联，汉语在造句时很少甚至不用连接手段，追求内在的逻辑关系；英语的句法特征表现为形合，注重显性关联，强调句子的形式和功能，英语在造句时遵循严格的语法形式，句子各成分之间的关系比较明显。这种句子结构上的差异就要求我们在翻译时要对句子结构进行适当的调整，以符合汉英两种语言不同的习惯。例如：

至于时间，更不成问题。达尔文一生多病，不能多做工，每天只能做一点钟的工作。你们看他的成绩！每天花一点钟看 10 页有用的书，每年可看 2600 多页书，30 年可读 11 万页书。（胡适《不要抛弃学问》）

Time is no object. Charles Darwin could only work one hour a day due to ill health. Yet what a remarkable man he was! If you spend one hour a day reading 10 pages of a book, you can finish more than 3600 pages a year and 11 000 pages in 30 years. （张培基 译）

从上例我们可以看出，在汉语中，句子结构比较松散，一些句子甚至缺少主语，这些都是强调内在逻辑关系的意合型汉语句子的特点。在翻译时，不能完全按照原文的语序来翻译。英语注重严格的语法结构，所以上文在翻译时调整了句子的结构，依据语法功能添加了关联词“if”将句子联系起来，使译文形合意顺，符合英语表达习惯。

三、英汉语篇对比探究

篇章是一个表达整体概念的交际单位。篇章提供了比句子范围更广的语境，是一个语义连贯的整体。汉语的篇章都可以转换为形式对应的英语篇章，只是两种篇章的信息结构和衔接手段有所不同，翻译时要加以注意。

（一）信息结构

篇章最主要的功能就是信息功能。篇章都是由句子构成的。篇章中的句子都不是孤立的句子，彼此之间的联系往往能够反映一个篇章的信息结构。

汉语篇章的信息结构是螺旋型或非直线型的，也就是说各句之间没有明显的结构关系，这也是语义型汉语本身的特点。篇章的信息结构往往反映在各句内部的逻辑关系中。汉语的篇章强调意义和功能，所以篇章的主题往往会出现在句子开头，也即篇章的开头。

而英语篇章的信息结构则呈直线型，一般按照直线方式展开，有秩序地向前推进，句子一般严格按照主谓（S+V）结构的语法展开，所以英语的主语和谓语会比较明显，因而在汉译英时要找准句子的主语和谓语。

我们来看一下冰心散文《笑》的第一段：

雨声渐渐的住了，窗帘后隐隐的透进清光来。推开窗户一看，呀！云散了，树叶上的残滴，映着月儿，好似萤光千点，闪闪烁烁的动着。—— 真没想到苦雨孤灯之后，会有这么一幅清美的图画。

这段文字就很好地体现了汉语篇章信息结构的螺旋型延伸。它的各个句子之间的信息结构比较松散，由内部时间顺序和逻辑顺序联系在一起。在英译过程中要注意主语的变化和句子的结构调整。请看下面张培基的译文：

As the rain gradually ceased to patter, a glimmer of light began to filter into the room through the window curtain. I opened the window and looked out. Ah, the rain clouds had vanished and the remaining raindrops oil the tree leaves glistened tremulously under the moonlight like myriads of fireflies. To think that there should appear before my eyes such a beautiful sight after the miserable rain on a lonely evening.

（二）衔接手段

篇章的衔接手段主要包括指称衔接、词汇衔接和结构衔接三种。

1. 指称衔接

指称衔接是指词与所指对象之间的语义关系。

按照指称范围来分，指称衔接包括外指和内指。外指就是所指对象在篇章外面，内指就是所指对象在篇章内部。例如：

（1）李林是我的英语老师。

Li Lin is my English teacher.（这里的“李林”在篇章之外，所以是“外指”。）

（2）李林是我的英语老师，她来自江苏。

Li Lin is my English teacher and she comes from Jiangsu. （这里的“她”就是指“李林”，在篇章内部就能看出，是“内指”。）

按指称手段来分，则可以分为用人称代词、指示代词和比较急的指称。例如：

（3）这天我们从闽江口从大船下到小船，驶到大桥头，来接我的伯父堂兄们把我们包围了起来，他们用乡音和我的父母热烈地交谈。（冰心《我的父母之乡》）

At the Minjiang River, we changed from the big ship to a small boat, which took us to Daqiaotou Big Bridge, where we were met by uncle and cousins. They gathered round us and talked warmly with my parents in the local dialect. （张培基 译）

本段中的人称代词“我们”就是指称我和我的父母，“他们”指称“伯父堂兄们”。

（4）这使我们都很惊奇！这又怪又丑的石头，原来是天上的呢！（贾平凹《丑石》）

It gave us a great surprise! We had never expected that such a strange and ugly stone should have come from the sky. （刘荣跃译）

汉语中的指示代词“这”和“那”常可以用“it”来翻译，也可以用“the”来译，“this”表示近处指代，“that”表示远处指代。

另外，在汉语和英语中，有时还可以用一些比较词来形成比较项之间的联系和照应。例如：

（5）有些批评家说，中国的文人学士，尤其是诗人，都带着很浓厚的颓废色彩，所以中国的诗文里，颂赞秋的文字特别的多。但外国的诗人，又何尝不然？（郁达夫《故都的秋》）

Some literary critics say that Chinese literati, especially poets, are mostly disposed to be decadent, which accounts for predominance of Chinese works signing the praises of autumn. Well, the same is true of foreign poets, isn’t it?（张培基译）

“又何尝不然”就是指代前面所说的“文人学士……颂赞秋的文字特别多”，译成英语则可以用“the same is true of”来表达指称概念。

由于汉语重意合，中国人的思维方式隐含曲折，篇章中往往出现零指称的现象，故而在英译时要增补主语或其他词来表明关系。例如：

左思右想，总觉得结婚也不好的，不结婚也是不好的。（郁达夫《谈结婚》）

Thinking the matter over and over again, I can not but come to a conclusion that neither matrimony nor bachelorship has anything to recommend itself. （张培基 译）

2．结构衔接

结构衔接是指信息结构之间的衔接，主要由替代、省略、对偶、排比、反复等修辞格来体现。例如：

（1）—— 我能看看那本书吗？

—— 当然可以。哪一本？白色封面的还是蓝色封面的？

——May I have a look at that book ?

——of course. Which one ? The one with a white cover or the one with a blue cover ?

（2）—— 谁想和我们一起去踢足球啊？

—— 我不去。

——Who would like to play football with us?

——No，I won’t.

例（1）中“白色封面的”和“蓝色封面的”都是替代“书”。例（2）中用“去”替代“踢足球”。

（3）——你们这是要到哪儿去呢？

——（我们去）学校。

——Where are you going?

——（We are going）to the schoo1.

此句中省略了括号中的“我们去”，省略的都是已知信息。

（4）生当作人杰，死亦为鬼雄。（对偶）（李清照《绝句》）

Be mail of men while you’re alive,

And soul of souls if you were dead.（许渊冲 译）

（5）于是一洗手的时候，日子从水盆里过去；吃饭的时候，日子从饭碗里过去；默默时，便从凝然的双眼前过去。（排比）（朱自清《匆匆》）

Thus the day flows away through the sink when I wash my hands；vanishes in the rice bowl when I have my meal；passes away quietly before the fixed gaze of my eyes when I am lost in reverie.（张培基 译）

（6）一年，两年，三年，你的望眼将穿；一年，两年，三年，我的归心似箭。（反复）（蒋光慈《写给母亲》）

Year in year out you’ve been looking forward with eager expectation to my home-coming；year in year out I’ve been looking forward with great anxiety to returning home.（李定坤 译）

3. 词汇衔接

词汇衔接是指一个篇章中词汇间的语义联系，分为词的反复和自然搭配两种。词的反复可以是相同的词、同义词或近义词、概括词和具体词。例如：

普之仁领我穿着茶花走，指点着告诉我这叫大玛瑙，那叫雪狮子，这是蝶翅，那是大紫袍，名目花色多得很。后来他攀着一株茶树的小干枝说：“这叫童子面，花期迟，刚打着朵，开起来颜色深红，倒是挺好看的。”

Taking me through the groves of camellias，Pu Zhiren told me the haines of different：Giant Agate，Snow Lion，Butterfly Wing，Giant Purple Robe and many others. Then，taking hold of a small branch of a camellia tree，he said，“This is Baby Face. As it blooms late，it’s only just in bud. With deep red blossoms，it’s really most beautifu.”（陈宏薇，2004：64）

上例中的“茶花”是个总的概括词汇，后面的“大玛瑙”“雪狮子”“童子面”等都是具体的花的名字，是具体词汇，从而构成了词的反复，形成了完美的词汇衔接。

词汇的自然搭配则要求主谓语、动词和名词等的搭配要自然贴切。例如：

“父亲已经上了六十岁了，还想做一点事业，积一点钱，给我造起屋子来。”一个朋友从北方来，告诉了我这样的话。（鲁彦《父亲》）

“作”和“事业”“积”和“钱”“造”和“屋子”以及“告诉”和“话”在汉语中都是比较固定的自然搭配。看下面张培基的译文：

“Father is now over sixty, but he still wants to work to save up for a house to be built for me. ” a friend of mine from North China told me.

第二节 思维方式的对比

一个民族的思维方式是该民族文化长期积淀的结果。思维能力是全人类共有的，没有民族性，而思维方式具有民族性，了解中西方思维方式的差异是减少和消除汉英翻译障碍的重要因素。

一、中国人注重伦理，英美人注重认知

中国传统文化注重伦理道德，而儒家思想则把这种伦理道德内容理论化了。儒家思想维护“礼治”，提倡“德治”，重视“人治”。

儒家思想对于中国人的一个重要影响就是重宗族和宗族关系，重视辈分尊卑。所以在汉语中，体现辈分的亲属称谓要比英语中复杂得多。来看这样一个句子：“凌风和赵明是表兄弟。凌风的父亲是赵明的舅舅，赵明的父亲是凌风的姑父”。如果翻译为英语，则是：“Ling Feng and Zhao Ming are cousins. Ling Feng’s father is Zhang Ming’s uncle who is the brother of Zhao Ming’smother. Zhao Ming’s father is Ling Feng’s uncle who is the husband of Ling Feng’s father’s sister. ”这些复杂的关系对于中国人来说是小菜一碟，而对于英美人来说就比较费解了，要花很大工夫才会弄明白他们之间的关系。在英美人看来，舅舅和姑父都是uncle，如果要加以区分的话就在uncle后面冠以名字，如Uncle A，Uncle B。

西方人更加倾向于传统的探索自然的认知。简单来说，西方传统文化就是对

人与自然对立关系的认知。

二、中国人重整体，偏重综合性思维；西方人重个体，偏重分析性思维

中国传统哲学强调思维上的整体性，一般把天、地、人都看作一个统一的整体，所以形成了“天人合一”的说法。所以中国人在思考问题的时候一般都从整体出发，全面观察事物，从而发现事物各方面的对应、对称和对立。强调整体的思维方式对汉语产生了一定的影响，使得汉语力求全面、周到，突出一个整体的框架，汉语词语的意义在很大程度上也由上下文决定的，并在整体中反映。

西方人虽然有时也会强调整体性，但他们更关注的是整体中的个体，提倡个体主义。Aristotle 主张事物的本质存在于“一般的个体”中，不能脱离个别而存在，这对于现在英美人的思维产生了深刻地影响。

汉语注重句子内部和句子之间的内在联系和整体性，依据意义上的连贯，句子之间可以少用或者不用连词，充分体现了中国人的整体思维方式。例如：

杨和岳笔下的三峡，不拘形式而强调神韵，外师造化而中得心源。他运笔若行云流水，勾皴点染，疏密、浓淡、聚散，虚虚实实，笔势奔腾豪放，墨色淋漓酣畅，尽情抒发了作者如涌的情感。（李海瑞《三峡多奇景妙笔夺天工》）

His “Three Gorges” is painted so exquisitely that the interpretation seems to touch the heart of the Gorges. Mr. Yang’s depiction is very unique and detailed and light appears to radiate from his smoothly flowing brush strokes. Although his brush turbulent and unrestrained, Yang Heyue’s paintings have the fight touch of color and balance. This work fully expresses the painter’s profound affection for the area. （何志范 译）

我们从英译文可以看出，本来汉语中关系模糊的句子之间，添加了各种关系连词。英语注重语言形式上的连接和完整，具有很明显的形式结构，以求个体的满足和完善。

三、中国人重直觉，西方人重实证

在中国传统哲学文化中，比较缺乏认知理性的概念，更注重的是悟性、直觉，少有涉及思维的逻辑性和抽象性；而西方哲学则比较关注理性认识，重视分析，注

重实证，侧重通过大量实证的分析得出科学、客观的结论。

汉语的直觉性在文言文中体现得尤为明显。例如：

知己知彼，百战不殆；不知彼而知己，一战一负；不知彼不知己，每战必败。

You can fight a hundred battles without defeat if you know the enemy as well as yourself. You will win one battle and lose one battle if you know yourself but are in the dark about your enemy. You will lose every battle if you are in the dark about both the enemy and yourself.

中国人重直觉，所以在上文中汉语的语法显隐性，比较模糊。而在英语中，人们重视实证和逻辑理念，具有严谨的语法形式。

四、中国人重形象思维，西方人重逻辑思维

简单来说，形象思维是用直观形象和表象来解决问题的一种思维方式；逻辑思维则是人们在认识过程中借助于概念、判断、推理等思维形式能动地反映客观现实的理性认识过程，又称理论思维。

中国人形象思维的表现方式最为明显的就是古代的象形文字——是世界上最早的文字，也是最形象，演变至今保存最完好的一种文字。我国之前所用的繁体字就是由象形文字演变而来，很好地体现了形象思维。例如，“马”的繁体字“馬”，就像极了一匹有马鬃和四条腿的马；“龟”的繁体字“龜”，也像极了一只龟的形状；“门”的繁体字“門”，就是左右两扇门的形状。相反地，英美人注重逻辑思维，一般经过表象感觉后，逐步开始判断、推理，进而上升到抽象的逻辑思考。

所以在形象思维的影响下，汉语更倾向于用具体想象的概念来代替一个抽象的内容。例如：

一条浩浩荡荡的长江大河，有时流到很宽阔的境界，平原无际，一泻千里。有时流到很逼狭的境界，两岸丛山叠岭，绝壁断崖，江河流于其间，回环曲折，极其险峻。民族生命的进展，其经历亦复如是。

A mighty long river sometimes flows through a broad section with plains lying boundless on either side, its waters rolling on non-stop for thousands of miles. Sometimes it comes up against a narrow section flanked by mountains and steep eliff, winding through a course with many a perilous twist and turn. A nation, in the course of its development, fares likewise.（张培基《英译中国现代散文选》，1999）

本段运用具体的“长江”的形象来体现“民族生命的进展”，是中国人形象思维的代表。其译文在展现原文风格的基础上，更有着严格的逻辑关系和严谨的语法结构，充分体现了英美人的逻辑性风格。

第三节 英汉文化的对比

一、文化的定义与分类

文化一般是指人类在社会历史发展过程中所创造的物质财富和精神财富的总和。（《现代汉语词典》文化第一条定义）这其中既包括世界观、人生观、价值观等具有意识形态性质的部分，又包括自然科学和技术，语言和文字等非意识形态的部分。文化是人类社会特有的现象。文化是由人所创造，为人所特有的。有了人类社会才有文化，文化是人们社会实践的产物。

英国人类学家 E. B. Taylor 给出了这样一个定义“that complex whole which includes knowledge，belief, art，morals，law, customs，and many other capabilities and habits acquired by…［members］ of society.”（一个复合的整体，其中包括知识、信仰、艺术、道德、法律、风俗以及作为社会成员而获得的其他能力和习惯）

在 *Oxford Advanced Learner's English-Chinese Dictionary*（the six edition）中，culture 的定义是：

1. ［U］the customs and beliefs，art，way of life and social organization of a particular country or group 文化，文明（指国家和群体的风俗、信仰、艺术、生活方式及社会组织）。

2. ［U］a country，group，etc. with its own beliefs，etc. 文化（指拥有特定信仰等的国家、群体等）。

3. ［U］art，music，literature，etc. thought of as a group 文化（艺术、音乐、文学等的统称）。

4. ［C，U］the beliefs and attitudes about sth. that people in a particular group or organization share 文化（某群体或组织的一致看法和态度）。

5. ［U］（technical）the growing of plants or breeding of particular animals in order to get a particular substance or crop from them种植：栽培；养殖；培育。

6. ［C］（biological，medical）a group of cells or bacteria，especially

one taken from a person or an animal and grown for medical or scientific study; the process of obtaining and growing these cells 培养物；培养细胞；培养菌；（为医疗或科研作细菌、细胞培养的）培养。

由此可见，汉语和英语对于文化的理解不完全相同。对文化看法的差异，由于研究的视角、范围或所用理论不同，对文化所下的定义也不同，所以文化是一种极其复杂的研究对象。一般来说，我们将文化分为：物质文化（material culture）、制度文化（institutional culture）、心理文化（mental culture）。

物质文化指为了满足人类生存和发展需要所创造的物质产品及其所表现的文化，包括饮食、服饰、建筑、交通、生产工具以及乡村、城市等。制度文化是指人类在物质生产过程中所结成的各种社会关系的总和。社会的法律制度、政治制度、经济制度以及人与人之间的各种关系准则等，都是制度文化的反映。心理文化是指人类的心理、思维方式和习惯、人生观和价值观、审美、信仰、心态等。

二、汉英翻译与文化的关系

文化与汉英翻译是息息相关的。汉英翻译作为一种跨文化的交流活动，无时无刻不受文化语境的制约。王佐良先生（1991）也指出：“翻译的最大困难是两种文化的不同”。

影响汉英翻译的文化因素有很多种，这里我们主要讨论三种：宗教文化的影响、习俗文化的影响和地域文化的影响。

宗教文化的影响：宗教文化是人类社会文化的一个重要组成部分。中西文化的历史渊源不同，宗教信仰不同，典故的来源不同，也会对汉英翻译造成一定的影响。中国人大多信仰佛教，佛教文化和儒家伦理文化是汉文化的主流；而西方人大多信仰基督教，《圣经》文化以及希腊、罗马神话对西方文化和社会的影响比较深刻久远。如中国人说“菩萨保佑”，西方人则说“God bless you”（上帝保佑你）；中国人说“天知道”，西方人则说“God knows”（上帝才知道）。在翻译这类词语时，要在了解中西宗教文化背景前提下，知道其出处，充分理解其深层文化内涵，再用恰当文字精确翻译出来。

习俗文化的影响：在社会风俗习惯方面，中国与西方也存在很多差异，这对翻译也造成了一定的影响。同一件事物，不同的文化背景，看法大相径庭。比如，龙是古代汉族人崇拜的图腾形象，象征着吉祥、尊贵、权势和奋发向上。我们自称是龙的传人，意思是一个伟大而杰出的民族。在汉语中，有关龙的词语大都是褒义的，如藏龙卧虎、生龙活虎等。但是在英语中，dragon 却含有不好的意思。这是因为在《圣经》中记载，与上帝作对的恶魔撒旦被称为the Great Dragon，dragon在西方被看作邪恶的象征，在现代英语中，dragon用以指“凶暴的人”或“严厉透顶的人”。所以翻译“她在这一带是一个专横跋扈的人。”就可以译成“She is a bit of dragon around this place.”

地域文化的影响：由于所处的地域不同，相应地就有不同的自然条件和地理环境。地理环境的不同会引起文化上的个性和差异，形成一些独特的文化概念。这些文化差异都会体现在语言中，对汉英翻译产生一定的影响。例如，中国东临大海，西部为高山，所以在中国，“东风”是“春天的风”，“西风”却是凛冽的；而英国的地理环境恰好与中国相反，英国西临大西洋，报告春天消息的则是西风。西风在英国人心中是温暖宜人的。英国著名诗人雪莱的《西风颂》就是对温暖西风的讴歌：“It’s a warm wind，the west wind，full of bird’s cries.”（那是温暖的风，温暖的西风，伴随着百鸟欢唱）。在汉英翻译中只有充分理解这些差异，才能更好地理解原文。

综上所述，我们可以看出，语言和文化密不可分。理解不同文化的差异更是翻译的基础。另外，比文化差异更深一层的阻力则是思维方式的差异。因此，学习对比中英思维方式也是汉英翻译的一个重点。

第三章 英语翻译理论与技巧

第一节 翻译理论

翻译作为一种重要的实践活动，广泛地存在于人类的历史长河中，对于社会的进步、文化的发展发挥着积极的影响作用，翻译理论来源于译者积极努力的实践，同时又对翻译实践起着巨大的指导与推动作用。自从有了翻译，人们就开始对翻译的方法、技巧、策略、类型等问题进行探索，古今中外的许多翻译家都提出了自己的观点，了解他们的翻译理论对我们深化认识、掌握方法、提高水平都有重要意义，我国的翻译理论自20世纪80年代至今已取得了前所未有的发展，其对于改革开放的进行、国内经济的发展也有着直接的现实意义。鉴于此，本节主要对中西方翻译理论进行分析与探究。

一、西方翻译理论

（一）泰特勒的翻译理论

泰特勒（Alexander Fraser Tyler）是英国著名的翻译理论家。他的《论翻译的原则》（1790）一书是西方翻译理论的第一部专著，在西方翻译理论史上影响巨大。在该书中，泰特勒首先指出“优秀的翻译”应该是将原文的优点完整无缺地以另一种语言表达出来，使译文读者对译文理解得如原文读者般清楚透彻，感受也像原文读者一样深切强烈。泰特勒提出了著名的翻译“三原则”。

（1）译本应该完全转写出原文作品的思想。因此，译者必须精通原作与译作两种语言及原文题材，如原文意义不明或有歧义则译者需要有足够的判断力，不可一味模仿原文。

（2）译文写作风格和方式应该与原文的风格和方式属于同一性质。这就要求译者准确判断和鉴赏原作的风格，并想象原作者如果用译语创作该如何表现自己。

（3）译本应该具有原文所具有的所有流畅和自然。泰特勒认为译者“必须既用原作者的灵魂，又以他自己的发音器官来说话。”（谭载喜，2004）

最后他强调了“三原则”的重要性，明确指出尽管偏离原作笔调是不可避免的，但无论在什么情况下都不能因笔调而偏离原作的思想。关于译者标准以及习语翻译的问题，泰特勒也提出了自己的看法：译者应该具备类似于原作者的才华，这样才能满足翻译的要求；在翻译过程中译者应避免在译语中采用不合乎原作语言或时代的习语。

泰特勒的翻译理论系统而全面，涉及翻译理论的最基本问题，不仅是英国翻译理论史，而且是整个西方翻译理论史上一座非常重要的里程碑。

（二）奈达的翻译理论

尤金·奈达（Eugene Nida）是著名的语言学家和翻译理论家，是公认的现代翻译理论的奠基人，也是语言学派最重要的代表人物之一。从1945年开始，奈达共发表250多篇文章，著述40多部，其著述数量之多，质量水平之高，论述之详尽，系统之完备，在西方翻译理论史上都是空前的。他的代表性专著有《翻译科学探索》（1964）、《翻译理论与实践》（1969，合著）、《语言结构与翻译》（1975）、《从一种语言到另一种语言》（1986，合著）以及《语言与文化：翻译中的语境》（2001）等。奈达对翻译理论的贡献集中体现在以下几个方面。

（1）第一个提出“翻译的科学”这一概念，是“翻译科学说”的倡导者。正因为如此，翻译语言学派也被称为翻译科学派。奈达对翻译进行“科学”研究的标志是1947年发表的《论（圣经）翻译的原则和程序》。

（2）奈达从社会符号学出发，论述了语言符号的相互依存性及对比意义，把符号的意义分解为“当下”“分析”和“综合”三个层次，具有极强的操作性。

（3）奈达在语言学研究的基础上，把信息论应用于翻译研究，认为翻译即交际，某种译文如果不能起到交际的作用，就是无用的译文。因此，译文接受者和译文信息之间的关系，应该与原文接受者和原文信息之间的关系基本相同，在此基础上奈达创立翻译研究的交际学派。

（4）奈达最有影响力的贡献是提出了著名的“功能对等”（又称“动态对等”）理论。所谓“功能对等”，就是说翻译时不求文字表面的死板对应，而要在两种语言间达成功能上的对等。“对等”包括词汇对等、句法对等、篇章对等与文体对等。其中，意义是最重要的，形式其次。功能对等是奈达翻译理论的核心思想，在西方翻译理论发展史上占据了重要的地位。

（三）雅各布逊的翻译理论

美国著名语言学家雅各布逊（Roman Jackobson）是布拉格学派的创始人之

一，他对翻译理论的贡献主要体现在其1959年发表的文章《论翻译的语言学问题》之中。这篇文章第一次将语言学、符号学引进了翻译学，并从语言学的角度详尽地分析和论述了语言和翻译的关系、翻译的重要性以及翻译中存在的问题。自发表后，此文一直被西方理论界奉为翻译研究的经典之一。雅各布逊将翻译分为三个类别。

（1）语内翻译（intralingual translation）。所谓语内翻译，是指在同一语言内用一些语言符号去解释另一些语言符号，即通常的“改变说法”（rewording）。

（2）语际翻译（interlingual translation）。所谓语际翻译，是指在两种语言之间即用一种语言的符号去解释另一种语言的符号，即严格意义上的翻译。

（3）符际翻译（intersemiotic translation）。所谓符际翻译，是指用非语言符号系统解释语言符号，或用语言符号解释非语言符号，如把旗语或手势变成言语表达。

雅各布逊的这种分类方式准确概括了翻译的本质，在译学界影响深远。此外，雅各布逊提出了许多有价值的论述，如语法范畴是翻译中最复杂的问题；如果语言中出现词汇不足，可通过借词、造词或释义等方法对语言进行处理；准确的翻译取决于信息对称。这些观点给翻译研究提供了超越词汇、句子以外的语境模式，探讨了翻译中语言的意义、等值、可译性和不可译性等翻译理论和实践中的根本问题。

（四）卡特福德的翻译理论

卡特福德（J. C. Catford）是伦敦学派的代表人物之一。他在《翻译的语言学理论》（1965）一书中从现代语言学视角诠释翻译问题，探讨了翻译的定义和基本类型、翻译等值、形式对应、意义和完全翻译、转移、翻译等值的条件、语法翻译和词汇翻译、翻译转换或翻译转位、翻译中的语言变体以及可译限度等内容。这本著作被视为翻译理论发展的里程碑，他也因此书而被世界各地翻译界的读者认识。卡特福德关于翻译的论述主要包括以下几个方面的内容。

（1）卡特福德把翻译理论看成是应用语言学的一个分支，因此他将翻译定义为：一种语言（SL）的语篇成分由另一语言（TI）中等值的成分来代替。换句话说，翻译这个词本身就是指把一种语言转换成另一种语言的过程。

（2）卡特福德独创了“转换（shift）”这一术语，并将“转换”区分为“层次转换”（level shifts）和“范畴转换”（category shifts）两种形式。

（3）卡特福德依不同的标准对翻译进行了分类。以翻译的层次为标准，翻译可分为完整翻译（total translation）和有限翻译（restricted translation）；以语言的级阶为标准，翻译可分为逐词翻译（word-for-word translation）、直译（literal translation）和意译（free translation）。

卡特福德摆脱了传统印象式的翻译研究方法，详尽分析了翻译等值的本质和条件，对语言转换的规律进行了科学的阐述，是 20 世纪少有的具有原创性特点的翻译理论家。

（五）纽马克的翻译理论

彼得 • 纽马克（Peter Newmark）是英国著名的翻译理论家和翻译教育家。在奈达、卡特福德等人的翻译思想的启迪下，他将跨文化交际理论和现代语言学的研究成果（如格语法、功能语法、符号学和交际理论等）运用到翻译研究中，在许多翻译理论问题上形成了自己独到的见解和认识。《翻译问题探索》(1981)、《翻译教程》（1988）、《翻译论》（1991）和《翻译短评》（1993）是纽马克的主要代表作。在《翻译问题探索》中，纽马克提出了以下两个重要概念。

（1）语义翻译（semantic translation）。所谓“语义翻译”，是指译者只在目的语句法和语义的限制内试图再现原作者的语境意义。

（2）交际翻译（communicative translation）。所谓“交际翻译”，是指尽可能地在目的语中再现原文读者所感受到的同样效果。

语义翻译和交际翻译的区别在于：后者产生的效果力求接近原文文本，前者则在目标语结构许可的情况下尽可能准确再现原文意义和语境。但语义翻译和交际翻译并非水火不容，在同一篇作品中有的部分须采取语义翻译，有的部分须采用交际翻译，二者相辅相成、互为补充。正如纽马克所说，针对不同的文本类型应当采用不同的翻译方法。总之，语义翻译法和交际翻译法是纽马克翻译理论的核心所在，也是其翻译理论中最主要、最有特色的组成部分。

1991 年，针对原有理论中的不足，纽马克又提出了一个新的翻译概念，并于 1994 年将其正式定义为“关联翻译法”；原作或译出语文本的语言越重要，就越要紧贴原文翻译。这标志着他的翻译理论渐趋系统和完善。此外，纽马克将文本功能分为表情功能、信息功能、呼唤功能、审美功能、寒暄功能、元语言功能六种，进一步完善了文本的功能分析。

二、中国翻译理论

（一）严复

严复曾担任过京师大学堂译局总办等职，是清末著名的资产阶级启蒙思想家、翻译家和教育家，被尊称为中国近代翻译理论和实践的第一人。其主要译著有：西方资产阶级学术名著《天演论》、约翰·穆勒的《群己权界说》和《穆勒名学》、亚当·斯密的《原富》、斯宾塞的《群学肄言》、孟德斯鸠的《法意》、甄克斯的《社会通诠》和耶方斯的《名学浅说》等西方名著，其译著总共达 160 多万字。

严复对中国翻译理论的发展做出了巨大贡献。他吸收和运用我国古代佛经翻译思想和理论精髓，并结合自己丰富的实践经验，在《天演论》卷首的“译例言”中提出了著名的翻译标准——信、达、雅。总之，严复的“信、达、雅”翻译理论不仅言简意赅，且意义重大、影响深远，是中国传统翻译理论的纲领和精髓。

（二）梁启超

梁启超是我国近代史上著名的政治家、思想家和文学家。虽然他翻译的东西不多，但在翻译评论和翻译史研究方面却做出了重大贡献，具体可以概括为以下几点。

首先，梁启超对翻译的对象进行了概括。在他看来，翻译是强国之道，是推行维新变法的有力工具。因此，翻译应当以译“西国章程之书”为第一要义，此外“学校之教科书”“政法之书”“西国史书”等的翻译也很重要。

其次，梁启超大力提倡西洋小说的翻译。1897 年，年仅 25 岁的梁启超在《变法通议·论幼学》《蒙学报演义报合叙》等文中提出把小说作为学校教育的必修课。他的小说翻译理论把文学思潮、政治运动和社会进步结合起来，有力地推动了晚清小说翻译事业的繁荣。

再次，1897 年梁启超在其长篇巨著《变法通议》的第七章（论译书）中指出了译书的两个弊端，“一日徇华文而失西义，二日徇西文而梗华读”，即一是由于遵循汉语的表达习惯而失去了原文的文化内涵等，二是由于遵循英语的表达习惯而造成汉语译文的晦涩难懂。因此，好的翻译应当使读者彻底明白原文的意思。另外，译者的学识专业必须和原作者接近，这样才能翻译出质量上乘的作品。

最后，梁启超对佛经翻译及明清之际的科技翻译均进行过卓有成效的研究，他编写的《佛教之初输入》《中国佛教史》《翻译文学与佛典》等书籍对于研究和总结我国的佛经翻译理论都起到了承前启后的重要作用，极大地促进了我国翻译理论史的研究。

（三）林纾

林纾（1852—1924）。作为中国近代翻译史上的翻译大师，是中国文学翻译事业的先行者和奠基人，被公认为中国近代文学翻译的开山鼻祖。林纾和朋友共同翻译了十几个国家的几十位作家的作品，被誉为“译界之王”。尽管其译文难免出现一些错误，但这并不影响他对中国翻译事业做出的贡献。林纾的翻译思想主要体现在以下几个方面。

（1）翻译不易。林纾认为，翻译书籍需抱有严谨、审慎的态度，要想翻译出好的作品，首先译者必须了解原文所引用的历史典故、风俗文化、古籍旧说等知识，同时还需了解源语和目的语之间的异同，在传递源语文化的同时使译文符合目的语的表达习惯，这样才能达到理想的翻译效果。

（2）译文要忠实于原著。林纾在《黑奴吁天录》（*Uncle Tom's Cabin*：*or, Life Arnong the Lowlv*）的“例言”中指出，“是书为美人著。美人信教至笃，语多以教为宗。顾译者非教中人，特不能不为传述，识者谅之。”意思是：本书原作者是一位美国作家，美国人大多深信基督教，因此书中语言很多都体现了基督教教义，但由于译者并不信仰基督教，因此照搬原文内容而不予翻译，望读者原谅。林纾认为，译者在翻译外国作品时难免会对书中的内容产生异议，但翻译时仍需忠实于原文，将原文的特征、思想表现出来。

（3）译名统一。林纾（1914）在《中华大字典》的序言中阐述其对译名统一问题的看法，汉语中一个字只有一个含义，只有将一个一个的汉字联合起来才能成文。因此，在翻译英文时，往往需要耗费大量汉字，再加上由于没有一定的名词，常会和英文原作相左。对此，林纾提出“由政府设局，制新名词，择其醇雅可与外国名词相通者，加以界说，以惠学者”。尽管这个提议并未被当局采纳，却是他对中国翻译的另一个重要贡献。

（四）郭大力

在十月革命之后，一大批青年远赴苏联留学，也有不少成了传播马克思学说的著名翻译家。比较典型的就是，马克思和恩格斯合著的《共产党宣言》在20

世纪传入到中国，并对1921年中国共产党的成立产生了重大影响。这一时期，翻译家郭大力对我国翻译事业的发展做出了较大贡献。郭大力的翻译思想和翻译态度都非常严谨。他在《资本论》译者跋中写道："我们根据的版本，是马恩研究院校正过的德文本。我们所加的若干附注，大都是根据这个版本实行的。……此外，我们还参照了两种英文译本和两种日文译本，不过当中只有一种英译本和一种日译本是完全的。在格式方面，我们尽量保持原版的特色。在行文方面，我们尽量使其流畅，但当然，每一个地方，我们都顾虑到了，要使它的文句，不至于弄差它的意义。"

1940年春，郭大力开始翻译《资本论》的第四卷，历时四年，最后完成了这本120万字著作的翻译，为了使其更加完善，又花费了五年时间做修改工作。随着我国社会主义经济建设的不断发展，全国掀起了学习马克思经济的思潮，为了达到整个译文翻译无误、尽善尽美，他又对其进行了全面的校改。可见，郭大力先生花费了一生完成这部著作的翻译工作，对翻译理论的发展起到了不可磨灭的作用。

（五）鲁迅

鲁迅是中国伟大的文学家、思想家、革命家，也是一位杰出的文学翻译家。他一生共翻译了14个国家100多位作家的200多种作品，印成了33种单行本，300余万字。主要译著有：日本片上伸所作的《无产阶级文学的理论与实际》、苏联法捷耶夫的《毁灭》、卢那卡尔斯基的《艺术论》《文艺与批评》、蒲力汗诺夫的《艺术论》《苏联的文艺政策》《一天的工作》等。他继承和发展了中国传统翻译理论和翻译思想，是中国译论的奠基人。鲁迅发表了大量论述翻译理论和翻译思想的文章，阐发了一系列非常精湛的研究和论述，在当时的翻译界影响极大。鲁迅的翻译思想体现在以下几个方面。

其一，"重译"与"复译"的观点。晚清时期很多学者乱译、硬译的不良译风严重影响了中国读者对原作的认识。因此，鲁迅提出要改变这种情况需要对那些已有翻译版本的原作进行翻译。这一思想对我国翻译事业的健康发展做出了不可磨灭的贡献。

其二，"以直译为主，以意译为辅"的翻译原则。针对晚清以来翻译多随意删减、颠倒、附益的不良风气，鲁迅明确提出"直译"的主张。需要指出的是，鲁迅所提倡的"直译"并非"死译"，也不是"逐字翻译"，而是既保存原文全部的思想内容，又要尽量保留原文的语言形式、风格等。

其三，“以信为主，以顺为辅”的翻译原则。鲁迅认为翻译应做到两个字：“信”和“顺”，并认为“信”是翻译工作中最重要的，译者应在保证“信”的同时尽量使译文流畅通顺。

其四，翻译批评的观点。针对当时翻译界的混乱情况，鲁迅力矫时弊，提出了翻译批评的观点。他不仅指出了以前翻译批评的不当之处，还对翻译批评该如何开展提出了很多独到的见解，为后来翻译批评的正确发展起到了促进作用。此外，鲁迅还提出“翻译应与创作并重”的思想，是我国翻译史上提倡翻译与创作并重思想的第一人。

（六）郭沫若

郭沫若（1892—1978）是中国现代著名的诗人、文学家、戏剧家以及翻译家，其翻译思想主要表现在以下几个方面。

首先，“风韵译”理论。郭沫若（1920）在为田汉译《歌德诗中所表现的思想》一文的《附白》中指出，“诗的生命，全在它那种不可把握之风韵，所以我想译诗的手腕于直译、意译之外，当得有种‘风韵译’”。“风韵译”理论不赞同移植或逐字逐句地翻译，而是强调“以诗译诗”，认为翻译的过程是两种文化融合的过程，不仅仅是两种语言的转换，更是译者对原文审美风格的再创造。

其次，生活体验论。对于译者的素质，郭沫若认为，主体性、责任心是译者必须具备的。他认为翻译工作要求译者具有正确的出发点和高度的责任感，一方面要慎重选择作品，另一方面还要以严肃的态度进行翻译。除了责任心以外，郭沫若认为，译者主观感情的投入对翻译工作也十分重要。翻译之前，译者首先要深入了解原文作家和作品，只有这样才能更深刻地了解原文和作者的思想。郭沫若曾说自己在翻译别人的作品时常常和原作者“合而为一”，使自己变成作者，融入作品中去，体会原作的情感与内涵。这种“合而为一”的翻译思想对翻译理论的发展同样做出了重要的贡献。

最后，好的翻译等于创作。郭沫若早期在文章《论诗三札》中曾将原作比作处子，翻译看作媒婆，认为翻译是一种附属事业，贬低了翻译的作用。而随着文学思想的转变，郭沫若端正了对翻译的态度，认识到了翻译的重要作用，并指出“好的翻译等于创作，甚至可以超过创作。翻译有时比创作还困难。因为创作需要一定的生活体验，而翻译却需要体验别人体验的生活。另外，翻译要求译者不仅要有很高的英文功底，还要有扎实的汉语功底。由此可见，翻译其实并不比创作容易。

翻译不是一个简单的工作，而是一种需要创造力的艺术。好的翻译和创作无异，甚至会超过创作。而郭沫若本人在翻译过程中无不关注原作的艺术风格以及精神思想，并将其融入笔端，进行艺术的再创作。只有这样的创造性翻译，才是真正高质量的翻译。

（七）林语堂

林语堂是我国著名的学者、文学家和语言学家，他对于翻译的精辟见解和独到认识是对中国传统翻译思想的丰富和发展。他写过很多关于翻译理论的文章，其中最系统、最著名的译论是《论翻译》。林语堂的翻译思想主要表现在以下几个方面。

首先，提出了“翻译是一种艺术”的思想，并进一步提出翻译艺术应该信赖的原则有三条：译者对于原文文字上及内容上透彻的了解；译者的国文程度能帮助其顺畅地表达；译者对于翻译标准有正当的见解。除这三点以外，再无其他纪律可为译者的规范，而这三条也是林语堂对翻译原则的看法。

其次，提出了翻译的三条标准，具体内容如下所述。

忠实。忠实标准有“非字译”“须传神”“非绝对”“须通顺”四项意义，分“直译”“死译”“意译”和“胡译”四个等级。

通顺。通顺标准以心理学为依据，要求译者采取句译的翻译方法和目的语读者能够接受的译语行文习惯进行表达。

美。美的标准要求译者把翻译当成一种艺术。在着手翻译之前，首先必须深刻理解原文的风度神韵，然后在翻译中将此风度神韵充分展现在译文中，这样才算完成了对待翻译如艺术一般的任务。

最后，坚决反对“字译”，提倡“句译”，因为字义会随“上下文连贯融合”的缘故而发生变化。这是我国较早明确提出“上下文”的翻译思想。

（八）茅盾

茅盾（1896—1981）是中国现代著名小说家、文学评论家、文化活动家。他所倡导的是“神韵”与“形貌”辩证统一的文学翻译批评理论，这对中国的文学翻译批评产生了极大的影响。前面提到，晚清时期严复提出了“信、达、雅”的翻译标准，是中国对传统翻译批评影响深远的一种模式，也可以说是晚清文学翻译批评的标准模式。但在实践中，译者与翻译批评者之间互动不够，翻译批评难以真正起到指导翻译活动的作用。而随着五四运动的兴起，中西文化的碰撞为文学翻译以及文学翻译批评注入了新的活力。

茅盾在大量翻译外国文学作品的同时也十分注重中国古代文论中的精华。对于当时文学翻译批评界争论不下的“直译”和“意译”问题，茅盾提出了符合中国传统文化思想的文学翻译批评主张，即“形貌”和“神韵”相结合的辩证统一的翻译批评理论。

对于直译和意译，茅盾曾提出，由于英汉文字不同，对所有文本一律采取直译法很难。译者往往照顾了语言的形式就会导致神韵不足，而照顾了神韵语言形式又会和原文不同，即“形貌”与“神韵”无法同时保留。尽管如此，“形貌”与“神韵”却又是相辅相成的，“单字”“句调”不仅构成了语言的“形貌”，同时也构成了语篇的“神韵”。

茅盾通过中国文论中的“形貌”“神韵”“单字”“句调”概念打破了晚清以来文学翻译批评的限制，他所倡导的“形貌”与“神韵”的辩证统一的翻译批评理论也是对当时争论已久的“直译”和“意译”问题的一个最佳解决办法与完善，这使得中国的翻译批评摆脱了传统束缚，产生了新的生机，极大地促进了中国传统文学翻译批评向现代文学翻译批评转换。

（九）傅雷

傅雷（1908—1966）是中国著名的文学翻译家、文艺评论家，其翻译思想主要表现在以下几个方面。

（1）翻译中的“传神达意”。傅雷曾说，领悟原文是一回事，而将原文含义用汉语表达出来又是另外一回事。他认为翻译时要做到“传神达意”必须做到以下三点。

其一，中文写作。傅雷认为，好的译文要给人一种原作者在用汉语写作的感觉。这样原文的精神、意义以及译文的完整性和流畅性都得以保全，也不会产生以辞害意，或以意害辞的问题。

其二，反复修改。傅雷对待翻译的态度极其严肃，并以“文章千古事，得失寸心知”为座右铭。他指出，好的翻译离不开反复的锤炼和修改，做文字工作不能只想着一劳永逸，而应该不断地推敲、完善。

其三，重视译文的附属部分。所谓译文的附属部分，即注解、索引、后记、译文序等内容，这些都对译文能否“传神达意”有着重大影响，妥善处理这些内容有助于读者更好地理解原文的形式和内容。

（2）翻译中的“神形和谐”。傅雷认为，翻译要像临画，重点求神似，形似在次。他将中国古典美学理论运用于翻译之中，用绘画中的“形神论”的观点来对待翻译。傅雷指出，要做到传神达意，仅仅按照原文句法拼凑堆砌是不行的，更重要的是要和原文神似。然而，这并不是说译者可以抛弃原文的形式，而是要在和原文神似的基础上追求形似，不能求形而忘神。神和形是语篇的两个方面，二者紧密联系。神依附于形而存在，神又是形的根本意图。因此，二者是一个和谐的整体，其各自的轻重，无法简单地用三七开进行衡量。

（3）形与神的和谐需要译者的创造。傅雷认为，翻译的标准应该是假设译文是原作者用汉语撰写的，并提倡，译文必须使用纯粹的、规范的中文，不能声音拗口。另外，为了再现原文的生动内容，体现出时空、语境的差异，傅雷还指出，译者必须杂糅各地方言，也可以使用一些旧小说套语和文言。然而，使用方言、旧小说套语和文言的关键在于适当调和各成分在语篇中的作用，避免导致译文风格支离破碎。傅雷这种将方言、行话、文言和旧小说套语等融入白话文中，从而竭尽所能地转达原文“神韵”，不能不说是一个创造性之举。

（十）钱钟书

钱钟书通晓五种文字，学贯古今中西，是我国著名的作家、文学研究家。他1979年出版近百万字的学术专著《管锥篇》，其中引用的大量用以比较外国名著和文艺论外文原文，均由他本人作了精湛的翻译。钱钟书有关翻译的文章主要有《林纾的翻译》《汉译第一首英语诗〈人生颂〉及有关二三事》《译事三难》《翻译术开宗明义》《译音字望文穿凿》等。

钱钟书在《林纾的翻译》一文中提出了“化境说”。他认为文学翻译的最高理想可以说是“化”，即“把作品从一国文字转换成另一国文字，既能不因语文习惯的差异而露出生硬牵强的痕迹，又能完全保存原作的风味，那就算得入于‘化境’”。具体来说，“化”包括三个方面：转化，即将一国文字转换成另一国文字。归化，即能用汉语将外国文字准确、流畅、原汁原味地表现出来，读起来不像是译本，倒像是原作。化境，即原作的“投胎转世”，虽然语言表现变了，但精神资质如故。另外，“化”还需注意两个问题：翻译时不能因为语言表达的差异而表现出生硬、牵强之感，否则须得“化”之；“化”的时候不能随便去“化”，不能将原文文本中有的东西“化”没了，即虽然换了一个躯壳，译文仍要保留原文的风味、韵味。钱钟书的“化境说”将翻译引入文艺美学范畴，推动了中国传统翻译思想的发展。

第二节 词汇翻译技巧

因为英汉词汇之间有很多差异，因此词汇翻译不可能达到一一对应的程度，并且这些差异要求译者要掌握一定的词汇翻译技巧。只有熟练运用各种技巧，才能将原本不通顺的译句变得通顺，原本不符合语言规范的译文变得符合规范，有时还可将原本不够贴切的译文变得更加贴切，从而使译文在忠实于原文的同时，达到“通顺”的标准。

一、词义的准确理解

准确理解对于翻译来讲是非常重要的。对于词汇来讲，词汇的翻译首先取决于词义的准确理解，如果在词义的理解上面出了偏差，那么忠于原文也只是一种空谈了。词义理解出现偏差的情况有很多。例如：

I wouldn't want my children to overhear you.

原译：我不想让我的孩子偷听你们的谈话。

改译：我不想让我的孩子听到你们的（脏）话。

解析：该例中 overhear 一词并非“偷听”之意，而是“无意中听到”的意思。

I was shopping in a mall.

原译：我在一家商场购物。

改译：我在一家购物中心购物。

解析：mall 一词还有人译成“林荫道”，这都是由于不了解美国的购物中心所致。

The bomb, or its equivalent, had been detonated at the top of a pylon 100 feet high.

原译：这个炸弹，或者说威力相等的装置，是在一个100英尺高的塔棚起爆的。

改译：那颗炸弹，或者说相当于炸弹的东西，是在一个 100 英尺高的塔棚起爆的。

解析：在该例中，equivalent 一词是与“威力”无关的，实际上它指的是 something equivalent to a bomb。

从上述例子中可以看出，如果没有准确理解词汇的意思，那么翻译出的意义会和原意大相径庭。同时也可以看出，英译汉时，这种理解错误会时常发生，但是我们不要简单地认为，只有英译汉时才会犯这样的错误；汉语是我们的母语，汉译英时便不会犯这样的错误。这样的想法是错误的，实际上在汉译英的实践中，类似的错误也十分常见。

无论何等人都可以用贱价买它来吃……

原译：People of all social classes can buy them at a low price.

改译：They are so cheap that anyone can afford them.

解析："无论何等人"并不是指任何社会阶级的人；后面的"可以用贱价买它来吃"并不是指被允许用贱价买花生吃。整个句子的意思是：无论多么穷也买得起花生。这些例子表明，我们对汉语的理解还是可能有偏差的。

坚持重合同、守信用、"客户至上、竭诚服务"的宗旨……

原译：...stick to the purpose of abiding by contract and upholding good reputation and "putting customers first and offering whole-hearted service".

改译：...adhere to the principle of abiding by contract and up-holding good reputation and "putting customers first and offering whole hearted service".

解析：上述例子中，"宗旨"不是目的，而是一种原则，因此译成 purpose 显然是不正确的。

可见，尽管汉语是我们的母语，但我们对汉语的理解出现偏差的可能性也是很大的。

二、词义的准确表达

在准确理解的基础上，词汇的准确翻译就显得更重要了。即使是有经验的译者，也常常为翻译之难而感叹。严复本人就说过"一名之立，旬月踟蹰"的话。我们平时所说的"忠实于原文"，实际上就是指准确表达原文的意思。在翻译实践中，表达上的错误或不足是非常普遍的。例如：

Would this man receive them as fellow countrymen, or would he treat them with cold suspicion and question them cautiously about their past careers as militarists?

原译：这个人会不会像同胞手足一样接待他们呢？会不会疑虑重重，详细询问他们在军阀时代的经历呢？

改译：这个人会不会像接待同胞手足一样接待他们呢？会不会疑虑重重，仔细盘问他们的军阀经历呢？

解析：此例中，question一词在上述语境中显然译为"盘问"更好一些，译为"询问"则与语境不符。后面 their past careers as militarists 要表达的意思不是“军阀时代的经历”，而是“他们自己的军阀经历”。

Most of these writers were convinced that injustices existed in our economic system, and against these injustices they protested, but they had no wish to change the system itself; or if they did, through idealistic, Utopian schemes.

原译：这些作家中的大部分都相信我们的经济制度中是存在着不公平的现象的，而且他们对这些现象也提出了抗议，然而他们并没有改变这种制度本身的愿望；就算他们有这种愿望，那也只是通过一些空想的、乌托邦式的办法来改变它。

改译：大多数这些作家都相信我们的经济制度中存在着不公平现象，并对此提出过抗议，但是他们并不想改变这种制度本身；即使想，也只是些乌托邦式的空想而已。

解析：Utopian schemes在原译中为“乌托邦式的办法”，显然意思不够明确，改为“乌托邦式的空想”后就清楚多了。

The basic problem is that big cities are no longer functional...A handful of cities—New York, San Francisco. Maybe Boston—are redefining their roles.

原译：根本的问题是，大城市不再起作用。少数几个城市——纽约、旧金山，可能还有波士顿——正在重新确定各自的作用。

改译：根本的问题是，大城市已经无法运作……少数几个城市，如纽约、旧金山，也许还有波士顿，正在重新定位。

解析：在这一例子中，are no longer functional与are redefining their roles原译过于烦琐，意思反而表达的不明确，而改译后表达的意思就清楚了许多。

有时候老虎走近些，但对驴子还是敬而远之。

原译：Sometimes the tiger ventured nearer, but still kept the donkey at a respectful distance.

改译：Sometimes the tiger ventured nearer，but still kept are spectful distance from the donkey.

解析：“敬而远之”指老虎不再走近驴子，但是有人误译为kept the donkey at a respectful distance，意为不让驴子走近自己，意思正好相反。

你们偶然看见一棵花生瑟缩的长在地上，不能立刻辨出它有没有果实，非得等到你接触它才能知道。

原　译：When you come upon a peanut plant lying curled up on the ground, you can never immediately tell whether or not it bears any nuts until you touch it.

改译：When you come upon a peanut plant lying curled up on the ground, you can never tell whether or nor it bears any nuts until you dig it up.

解析：原译犯了逻辑错误，因为花生还没有结果时你是无法touch它们的。另外，原译中的immediately一词通常不与until连用，这里也以省去为好。

三、词语搭配

（一）词语搭配的定义

这里定义搭配为，由具有一定语法关系的词语组成的一种具有任意性并重复出现的词语组合，包括固定组配和自由组配。因为在现代汉语词汇里，很难将固定组配和自由组配截然分开。词语搭配也有广义和狭义之分。狭义搭配专指固定搭配，即collocation，广义搭配是指固定搭配和自由搭配，即它们都必须是一个语法组合，具有一定的语法结构（如主谓结构等）。

在英、汉两种语言中，由于思维模式、词义项的多寡、语义宽窄、用词倾向等方面的不同，词语搭配也存在很大的差异，比较英、汉语词汇搭配是从事英汉互译工作的一个重要环节，是确保译文翻译地道、自然的关键。例如，在汉语里，说工资的多少时可以说“高工资”“低工资”或“薪水高”“薪水低”。在英语里，相应的搭配方式有high salary / good salary，poor salary / low salary。又如，在汉语中有“晒太阳”“晒工资”“啃老族”“吃父母”等动宾结构，如果在英语中用相同的结构来翻译，就会造成不符合逻辑表达的译文。

（二）英、汉词语搭配的分类

第一，语法搭配。语法搭配是指一个处于支配地位的同项（动词、名词、形容词）和一个语法间（通常是一个介词）组成的反复出现的组合。这种形式的搭配是以核心词为中心而构成的，其中核心词以动词、名词居多。在英语的词语搭配中，以下几类是常见的搭配方式。

（1）核心词+动名词的搭配。英语中动词带非谓语动词作宾语时，有些动词后面带动名词或动词不定式均可，但有些动词后面只能用动名词的形式。其中，只能带动名词作宾语的动词主要有avoid，admit，advise，consider，delay，enjoy，finish，forbid，give up，imagine，keep，mind，miss，practice，permit，resist，risk，suggest等。

（2）核心词 + 介词的搭配。英语中的许多短语都是由核心词与不同的介词组合而成的，如 fond of，short of，full of，out of breath，out of control，out of date，out of order，out of place，out of practice，out of sight，out of the question，call on，go back on，put on，put off，put in，put aside，fight against，protect against，set against，set apart，stretch into，doze off 等。

（3）核心词 + 动词不定式的搭配。英语与汉语的不同之处在于，英语动词可以带不定式作宾语或作宾语补足语。英语中这类词比较多，如 decide，demand，determine，attempt，claim，consent，plan，prepare，presume，promise，refuse，resolve，strive，wish，intend，desire，offer，mean，learn，threaten，decline，seek，tend 等都属于这类词。

She begged me to wear this rose on my coat.（《全新版大学英语》，第一册）

译文：她恳请我把玫瑰花戴在外套上。

Benjamin loved to carry the key around.（《全新版大学英语》，第二册）

译文：本杰明喜欢拿着钥匙到处走。

He also liked to try to place it into the slot.（《全新版大学英语》，第二册）

译文：他还喜欢把钥匙往槽里塞。

解析：用带不定式作宾语补足语的动词有 ask，tell，order，invite，beg，get，allow，wish，want，encourage，advise，warn 等。需要注意的是，动词不定式在使用动词（make，let，have）或感官动词（feel，listen to，hear，look at，see，watch，notice）之后作宾语补足语时，不定式须省去 to。

He wrote her a letter introducing himself and inviting her to correspond.（《全新版大学英语》，第一册）

译文：他给她写了封信，做了自我介绍，并邀请她做出回复。

（4）以动词为核心的搭配。动词是英语组词造句不可或缺的成分，名词、副词、形容词都可以与动词一起构成以动词为核心的搭配。例如：

动词 + 名词：solve the problem，make money，make the most of

动词 + 副词：drive fast，work hard，behave politely

动词 + 形容词：feel hungry，become dark，get old

（5）以名词为核心的搭配。名词是英语中最常用的词性之一，英语中概念和命题的阐述都离不开名词，名词是信息的主要载体。例如：

名词 + 动词：wind blows，bell tings，ice melts

名词 + 名词：market economy，human rights，a love story，patent office.

形容词 + 名词：heavy rain，cultural difference，a stuffy nose，a sore throat

（6）以形容词为核心的搭配。例如：副词 +形容词：greatly indebted，deeply grateful，allegedly tranquil.

（7）以副词为核心的搭配。例如：副词 +副词：just now，very much，almost overnight

汉语中词语的语法搭配没有英语那么复杂，尤其是没有动词与不定式或动名词的组合形式，限于篇幅，汉语词语的语法搭配在这里不展开论述。

第二，词汇搭配。搭配指某一义位在义组、义句里与别的义位习惯上的连用。从词汇的角度看就是某个词在词组或句子里与别的词的习惯上的连用，也就是什么词经常与什么词搭配使用的问题。搭配体现为特定的联想组合关系。这种搭配通常由名词、动词、形容词、副词相互组合而成，不包含上述语法搭配的介词、动名词、不定式的组合。以 pay 和 salary 为例，与 pay 能显著搭配的典型动词有 receive，get，earn，take；而与 salary 显著搭配的典型动词有 pay，receive，earn, get，draw，offer，carry，provide。

（1）思维模式的搭配。英、汉两种语言中都有“有生命的先于无生命的”、“人先于物”“男性先于女性”“成年先于未成年”等思维习惯，这种思维模式的趋同性为词语搭配的翻译带来了便利。例如：

the alive and the dead（生与死）

human and nature（人与自然）

the beauty and the beast（美女和野兽）

men and women（男女）

father and mother（父母）

husband and wife（夫妻）

（2）同义词的搭配。英语中有些词（主要是同义词），尽管它们的概念意义（即基本意义）相同。但习惯搭配或结伴关系不同，指人时有明显的性别标记，因而意义也就有所不同。英语里同义词的搭配可以通过 and 连接的方式表现。例如：

terms and conditions（条款）

null and void（无效）

damages and losses（损失）

doubting and questioning（怀疑）

appreciation and gratitude（感激）

loneliness and isolation（孤独）

在汉语里，由于词汇的双音化和成语的四字格形式，叠词的用法很普遍，同义词反复的现象很多。例如，“看一看”“试试”“大大小小”“老老少少”“干干净净”等表达十分普遍。而英语搭配往往避免同义重复，因此，对于重叠的汉语词汇组合，一般按照意译的方法处理。例如，“试试”译为have a try，“老老少少”译为old and young等。

（3）固定搭配。在英、汉两种语言中，词语的搭配组合习惯往往各不相同，而且经过约定俗成的使用后，词语的搭配已经形成了固定的模式。在英汉互译时，不能把汉语词语搭配或英语词语搭配简单机械地套用到目的语中，否则看上去合乎语法的表达实质上也是违反固定搭配形式的。英、汉语的固定搭配有时差别很大，翻译时宜根据上下文语境选择相应的固定表达。固定搭配以动词、形容词与副词、介词构成的词组居多，范围包括动词短语、动词与其他词语构成的习语、介词短语、形容词短语等，动词与其他词的搭配考查频率非常高。英语中的spend money like water，at sixes and sevens，as strong as a horse，相对应的汉语固定搭配就是“挥金如土”“七上八下”“力大如牛”。

第三，词语搭配对翻译的要求。

（1）词语翻译要符合语义要求。例如：

She heard the distant cry of a locomotive horn. The trains of Conrail passed less than 300 feet from the Pritchards' house. No fence separated their backyard from the Rack—only a thick row of trees.

译文：她听见远处传来的火车鸣叫声。联铁公司的火车从离普理德家不到300英尺的地方经过。没有篱笆将他们的院子和轨道隔开——只有一排茂密的树木。

解析：英语中一词多义的现象较汉语多，翻译时要根据具体搭配的分析判断来确定语义。本例中cry在英语里可指：①（尤因伤心而）哭泣，流泪；②喊，叫，呼唤；③（兽与鸟）大叫。而根据本例的搭配the cry of a locomotive horn，可以判定其也可指火车的鸣叫。

（2）词语翻译要符合词性要求。例如：

Historians，especially those so blinded by their research interests that they have been accused of“tunnel method” frequently fall victim to the“technicist fallacy”.

译文：一些史学家，尤其是那些太盲目于自己的研究兴趣而被指责为“隧道法”的史学家，经常成为“技师谬误”的牺牲品。

解析：本例的翻译需要解决的搭配问题包括so...that，be blinded by，be accused of，fall victim to，以及名词和名词搭配的tunnel method和teehnicist fallacy，然后根据词性来组织译文。

It is not easy to talk about the role of the mass media in this overwhelmingly significant phase in European history.

译文：在欧洲这一极为重要的历史阶段谈论大众媒介的作用并非易事。

解析：overwhelmingly significant phase 在词的搭配上综合了以形容词为核心和以名词为核心的搭配方式。按照汉语的行文规则，这一英语搭配可译为“极为重要的历史阶段”。

（3）词语翻译要符合约定俗成的表达要求。

翻译要防止语际迁移类的错误，就需要遵守不同语言约定俗成的表达方式。例如，根据 BNC 语料库的检索结果，“打败对手”的正确搭配有 defeat/beat the opponent/rival；“反映问题”的搭配是 report the matter；“解决困难”的搭配是 solve difficulties；“影响健康”的正确表达是 affect/influence one’s health.

Most educators advise that kids.（不要沉溺于电脑游戏）

译 文：should not be addicted to computer games. /should not indulge themselves in computer games. /should not abandon themselves to computer games.

解析：从所学习的英语表达中可以知道，汉语的“沉溺于”与英语里的 be addicted to/indulge in/abandon to 等短语意思一致。

四、新词汇的翻译

语言的基本特点之一是变化。科学技术的迅猛发展，信息革命的日新月异，使社会生活各个方面都发生变化，由此也给英语带来大量的新词。可以说，英语新词汇反映了当代西方社会生活的现状。英语新词的发展前景有三大特点：数量与日俱增；来源多种多样；形式趋向简洁。事实上，这些新词汇的构成是有一定规律的，下面主要从六个方面来介绍英语新词汇的构成。

（一）利用词缀法

所谓利用词缀法，即利用词的前缀或后缀与另外一个词搭配起来的方法。20 世纪 50 年代末，奇装异服、行为怪癖曾一度成为风尚。利用词缀法构词的优越性是显而易见的，词缀具有极大的灵活性，同时又具有极强、极广泛的搭配表意能力，这是因为一方面词缀的基本词义都比较稳定、明确，另一方面它们的附着力很慢，附着在词根之前或之后，概念可以立即形成。

在sputnik（俄罗斯的第一颗人造地球卫星）一词的影响下beatnik应运而生，专指服装奇特、爱标新立异、自我表现的人。由于 -nik 是一个表示“人”的后缀，指“做某事的人”或“与某事有联系的人”，后来人们把 -nik 借到英语中来，构成许许多多的以 -nik 结尾的新词。这些词大都具有 beatnik 一词中的特殊含义：反对正统的社会道德规范和价值观念，参与某种生活方式，成为一时风尚或思潮的热烈追求者。例如：

citynik 都市迷

folknik 民歌爱好者；民歌的演唱家；民歌手的歌迷

no-goodnik 毫无是处的人

protestnik 凡事抗议的人

peacenik 参加和平示威的人

20 世纪 80 年代以来，计算机已经广泛运用于各个领域，故人们利用 cyber- 这一前缀派生出许多与电脑有关的新词。例如：

cyber crime 网络犯罪

cyber mogul 网络大人物

cyber vandal 网络破坏者

cyber culture 网络文化

cyber chat 网络聊天

随着现代社会人们追求超越的愿望不断增强，从拉丁文借用来的前缀 super- 便成了嫁接新词的种子。例如：

super mini 超小型计算机

super baby 超级婴儿

super bomb 氢弹

super rich 超级富翁

super fresh 最新鲜的

后缀 -head 表示“不受欢迎的人”“对……狂热的人”。例如：

ditto-head 应声虫；追随者

gear-head 计算机发烧友

tech-head 技术迷

airhead 相貌姣好却无知的女性

base-head 瘾君子

另外，在许多旧的词汇非常活跃的同时，也产生了一些新的词缀和组合成分。例如，形容词 alcoholic 是由名词 alcohol 加上形容词后缀 -ic 派生而来的。现在人们又从中分解出 -holic 这个成分，加在一些词后面构成新词。例如：

beeroholic 嗜好啤酒成癖

colabolic 嗜好可口可乐成癖

teleholic 嗜好看电视成癖

perkoholic 特权迷

workaholic 工作狂

（二）拼缀法

拼缀法（blending）就是对两个单词进行剪裁，取其中的一部分，连成一个新词。拼缀法大致可以分为四类。

（1）前词首部 + 后词尾部。例如：

betel=boat+hotel 汽艇游客旅馆

motel=motor+hotel 汽车旅馆

bnmeh=breakfast+lunch 早午餐

heliport=helicopter+airport 直升飞机场

Chunnel=Channel+tunnel 海底隧道

（2）前词全部 + 后词尾部。例如：

airtel=air+hotel 机场内（或附近）的旅馆

newscast=news+broadcast 新闻广播

newsgram=news+program 新闻节目

（3）前词首部 + 后词全部。例如：

docudrama=documentary+drama 文献电视片

medicare=medical+care（美国政府办的）医疗保险制度

Motown=motor+town 汽车城（指美国底特律）

telescript=television+script 电视广播稿

（4）前词首部 + 后词首部。例如：

comsat=communication+satellite 通讯卫星

FORTRAN=formula+translation 公式翻译程序语言，FORTRAN 语言

moped=motor+pedal 机动脚踏两用车

sitcom=situation+comedy 情景喜剧

（三）类推法

推理构成新词也是一种常用的方法，即按照原有的同类词，引出对应词或近义词。一般说来，类推法可以分为两种：一种是由原词引出相对或者相反的词，叫对比构词法。例如：

cold war（冷战）可类推出 hot war 热战（使用武力的实际战争，对冷战而言）

baby boom（生育高峰期）可类推出 baby bust 生育低谷期

upsize（扩大规模）可类推出 downsize 精简机构

sunrise job（有前途的朝阳职业）可类推出 sunset job 没有保障的夕阳职业

boycott（联合抵制）可类推出 girlcott 妇女联合抵制

white collar（白领阶层）可类推出 blue collar 蓝领阶层

brain drain（人才流失）可类推出 brain gain 人才流入

blacklist（黑名单）可类推出 white list 友好名单

go north（增加）可类推出 go south 减弱

hard-line（硬线，强硬路线）可类推出 soft-line 软线

nightmare（恶魔）可类推出 day mare 白日噩梦

另一种是由原词引出相似或者相近的词，叫类比构词法。例如：

instant noodle（方便面）可类推出 instant meal 方便餐

instant poetry 即兴诗歌

instant star 一举成名的明星

instant coffee 速成咖啡

instant team 临时拼凑的球队

computer speak（计算机语言）可类推出

bureau speak 官僚语言

college speak 校园语言

business speak 商界语言

sports speak 运动语言

summit speak 首脑们的言辞

（四）复合移植法

复合移植法是将一个词直接与另一个词相结合，构成一个新词语的方法。这一方法突出了简便灵活的特点，而且词汇意义生动活泼，易于记忆。现代英语中运用复合法构成了大量新词语，大大简化了句法结构。例如：

software 软件

download 下载
letter bomb 邮件爆炸物；书信炸弹
think tank 智囊团
communication gap 传播差距
offline 脱机，离线
online 联机，在线
opinion leader 舆论导向人
web page 网页
web phone 网络电话
information superhighway 信息高速公路
log off 下线
英语中还有许多三个或者三个词以上组成的复合新词。例如：
know-it-alls 无所不知的人
Johnny-come-lately 新来的人
to hit-and-run 打了就跑
feeling-the-way 试探性的
eyeball-to-eyeball 直接的
rapid reaction force 快速反应部队
initial public offering 首期上市股票
Big Mac index “巨无霸”指数
“get-rich-quick” schemes 快速致富方案
airplane-on-a-chip 收集情报的微型飞机

（五）直接移植法

直接移植法是利用原来词义的本体转换成喻体来表达。随着科学技术的发展，社会规律的发现，各种新概念也应运而生，为此需要大量新词语来表达。而表达一个新概念不一定非创新词不可，人们可以利用语言中现有的词汇材料，赋予它们新的含义。例如：

mouse 原义为“老鼠”，在计算机语言中则指“鼠标”。
memory 原义为“记忆”，在计算机语言中具有了另外的色彩，指“内存”。
leggings 原义是“护腿”，现指“女子健美裤”。
window 本来为“窗户”之意，在计算机语言中意为“电脑视窗”。

cave 原义指“山洞”、“在……挖（窑）洞”，现又指“（业余爱好）探穴”。

graze 原义为“吃草、放牧、喂羊”，现又指“吃零食”。

virtual 原义为“实质上的、实际上的”，现又添了新义，表示“虚拟的”。

break 原指“破裂”，后来也指“霹雳舞”。

parachutist 原指“跳伞者”，现可指因特殊照顾而受聘的无能之辈，戏称“空降族”。

roommate 原指“室友”，现在指“同居者”。

fire storm 原指“核弹等爆炸引起的大火”，现在它扩大到政治生活领域，指“强烈的反响”。

presenter 原义为“推荐者”“赠送者”，现又添了新义，表示“（广播或电视节目的）主持人”。

（六）缩略法

缩略法（shortening）是现代英语中的一种重要的构词方法。它并不创造新词，而是将已有的单词缩短，或者将原来固定的词组、复合词简略缩写成缩略词，在读音和写法上呈现新的形式。这种构词法所造的新词具有简捷易用的特点。例如:

BID（business improvement district）经济开发区

PC（personal computer）个人电脑

SARS（Severe Acute Respiratory Syndrome）非典型性肺炎

SBS（sick building syndrome）大楼综合征

CAI（computer assisted instruction）计算机辅助教学

CEO（chief executive officer）公司中的首席执行官

DIY（do-it-yourself）自己动手

VAT（value added tax）增值税

SME（small or medium-sized enterprises）中小企业

GEV（Global Electronic Village）电子地球村

截短词，顾名思义，就是截短原词的某一音节，即将原词简化，略去原词中的某个部分，但保留原词的风貌。这种新形式与原字同样流行，有些甚至超过原词。例如：

ad（advertisement）广告

chemo（chemotherapy）化疗

divi（dividend） 红利

deli（delicatessen）熟食店
disco（discotheque）迪斯科
plane（aeroplane）飞机
phone（telephone）电话
nu（influenza）流行性感冒
prof（professor）教授

第三节 句子翻译技巧

句子是语言的基本单位，也是翻译的基本单位。研究翻译问题，不能只停留在词语的翻译上。因为个别词语即使翻译得再准确，译文中用词再恰当、优雅，如果句子中各种成分搭配不适当，句子结构不符合译文习惯，这样的译文仍旧不能准确传达原义和为读者所接受。因为英汉分属不同的语系，两者在句法结构上相差很大。这就需要在翻译过程中对一些特殊的句式作些处理以合乎汉语的表达习惯。下面就英汉语结构上的差异介绍几种主要的翻译处理方法。

一、定语从句的翻译

英语中，定语从句分成限制性从句与非限制性从句两种，在句中的位置一般是在其所修饰的先行词后面。限制性定语从句与非限制性定语从句的区别主要在于限制意义的强弱。而汉语中定语作为修饰语通常在其所修饰的词前面，并且没有限制意义的强弱之分，因此，限制与非限制在翻译中并不起十分重要的作用。英语中多用结构复杂的定语从句，而汉语中修饰语则不宜臃肿，所以在翻译定语从句时一定要考虑到汉语的表达习惯。如果英语的定语从句太长，无论是限制性的或非限制性的，都不宜译成汉语中的定语，而应用其他方法处理。常见的定语从句翻译方法有以下几种。

（一）前置法

既然定语从句的意义是作定语修饰语，那么在翻译时通常把较短的定语从句译成带“的”的前置定语，翻译在定语从句的先行词前面，这是定语从句最简单、最常见的译法。例如：

Compounds have very different appearances from the element of which they are made.

译文：化合物的形态与构成它们的元素极不相同。

He who has never tasted what is bitter does not know what is sweet.

译文：没有吃过苦的人不知道什么是甜。

They reviewed the international situation in which important changes and great up heavals are taking place and expounded their respective positions and attitudes.

译文：他们回顾了正在发生重大变化和巨大动荡的国际形势，并阐明了各自的立场和态度。

Space and oceans are the new world which scientists are trying to explore.

译文：太空和海洋是科学家们努力探索的新领域。

Words are living things, the very bodies in which ideas and emotions become materialized.

译文：文字是有生命的东西，是体现思想和情感的实体。

This is the place where the workers' and peasants' Red Army made the crossing in 1934.

译文：这就是工农红军 1934 年渡江的地方。

The battle-scarred old communists who once made stormy revolution unfurled a passionate blueprint today for a modern, peaceful and prosperous China.

译文：曾进行暴风骤雨般革命的、身上有战争伤疤的老共产党人，今天展示了一幅建设一个和平繁荣的现代化中国的充满热情的蓝图。

（二）后置法

当定语从句较长时，如果翻译成前置的定语，就会不符合汉语的表达习惯，在这种情况下，往往把该定语从句翻译成并列的分句，放置于原来它所修饰的词的后面。另外在处理此类定语从句时，一般遵循的原则是：若保留先行词，则在第二个分句中加以重复，若省则两个并列分句中均不再保留。

1. 重复先行词

由于定语从句的先行词通常在定语从句中充当句子成分，如果单独把定语从句翻译出来的话，常常需要重复先行词，还可以用代词代替先行词。例如：

You, whose predecessors scored initial success in astronomical research, have acquired a greater accomplishment in this respect.

译文：你们的先辈在天文学研究方面取得了初步的成功，而你们现在则在这一方面取得了更大的成就。

Although he lacks experience, he has enterprise and creativity, which are decisive in achieving success in the area.

译文：他虽然经验不足，但很有进取心和创造力，而这正是阻碍这一领域取得成功的关键。

A spirited discussion springs up between a young girl who insists that women have outgrown the jumping-on-the-chair-at-the-sight-of-a-mouse era, and a colonel who says that they haven't.

译文：一位年轻姑娘和一位上校展开了一场热烈的争论。姑娘坚持认为妇女已有进步，看见老鼠就吓得跳上椅子的时代已经一去不复返了，而上校则认为没有。

He has advanced some rational recommendations, which are not necessarily applicable to the local conditions.

译文：他提出了一些合理的建议，但这些建议未必适合当地的情况。

Between these two tiny particles, the proton and the electron, there is a powerful attraction that is always present between negative and positive electric charges.

译文：质子和电子这两种微粒之间存在着强大的引力，这种引力总出现在正、负电荷之间。

They are striving for "The China Dream" which is cherished by every Chinese.

译文：他们正在为实现“中国梦”而努力，这个梦想是每个中国人所珍视的。

The conclusions of science are the fruits of an institutionalized system of inquiry which plays an increasingly important role in the life of man.

译文：科学结论是制度化探究体制取得的成果，这种探究体制在人类生活中的作用日趋重要。

2. 省略先行词

有时，如果将先行词生硬地翻译出来，会使译文显得晦涩难懂。为了使译文更加明白易懂、符合汉语习惯，可以将先行词省略掉，而将主句和从句重新组合译为一句话。例如：

The two universities signed an agreement，under which they would exchange students and scholars.

译文：这两所大学签订了协议，决定交换学生和学者。

He caught a young soldier coming to the farmhouse， whose face turned pale for too much loss of blood.

译文：他看见一个士兵走进农舍，脸色因失血过多而苍白。

They worked out a new method by which production has now been rapidly increased.

译文：他们制订出了一种新方案，采用之后生产力得到了迅速提高。

After dinner，the four key negotiators resumed their talks，which continued well into the night.

译文：饭后，四个主要的谈判代表继续进行会谈，一直谈到深夜。

（三）融合法

所谓融合法，即将定语从句和主句译在一起，以定语从句为译句的主要信息，主句为辅，构造出流畅的译句。由于限制性定语从句与主句关系较紧密，所以融合法多用于翻译限制性定语从句，尤其是 there be 结构带有定语从句的句型。例如：

There is a man downstairs who wants to see you.

译文：楼下有人要见你。

解析：原句中的主句部分 there is a man 翻译成“有人”，然后将定语从句译成句子的谓语部分。

In our factory，there are many people who are much interested in the new invention.

译文：在我们工厂里，许多人对这项新发明很感兴趣。

解析：原句中的主句部分 there are many people 翻译成“许多人”，作译文的主语，然后将定语从句译成句子的谓语部分。

The idea that the family is the traditional unit of society is challenged by American youth who are increasingly turning down marriage.

译文：家庭是社会的传统组成部分，而美国青年越来越拒绝婚姻，使这种观念受到了挑战。

解析：本句包括三层，社会的观念、美国青年的态度，以及两者之间的冲突，译成一句的话，“家庭是社会的传统组成成分的观念受到了越来越拒绝婚姻的美国青年的挑战”，极为冗长。分为三句处理，就会层次清晰、条理分明。定语从句和先行词可以结合起来译成一个独立的句子“美国青年越来越拒绝婚姻”。

Apple pie is a favorite sweet and English puddings, of which there are various types, are an excellent ending to a meal, especially in winter.

译文：苹果馅饼是人们喜爱的甜点，而英国布丁品种多样，用作一餐的最后一道点心再好不过，尤其在冬天更是如此。

解析：本句将先行词“英国布丁”和定语从句“品种多样”结合起来，突出关键词“布丁”。

（四）状译法

英语的定语从句与汉语中的定语还有一个不同的地方，那就是英语中有些定语从句和主句关系不密切，它从语法上看是修饰定语从句先行词的，但限制作用不强，实际上是修饰主句的谓语或全句，起状语的作用。也就是说，有些定语从句兼有状语从句的功能，在意义上与主句有状语关系，表明原因、结果、目的、让步、假设等关系。在这种情况下，需要灵活处理，在准确理解英语原文的基础上，弄清楚逻辑关系，然后把英语中的这些定语从句翻译成各种相应的分句。

1. 译成表示“原因”的分句

Because he did not obey the regulations, he was punished.

译文：因为他没有遵守规定，所以受到了处分。

Now that you are old enough to judge things, you should start your own career.

译文：既然你已经长大，能辨明事理了，就应该去开创自己的事业。

She could get away with anything, because she looked such a baby.

译文：她能度过任何风险，因为她看上去简直还像娃娃模样。

She probably didn't attend the meeting because I didn't see her in the hall.

译文：她可能没有参加会议，因为我在大厅里没有看到她。

2. 译成表示“目的”的分句

A pipe will be used through which the laser beam will be sent.

译文：人们将使用管道来传送激光束。

He wishes to write an article that will attract the public attention to the matter.

译文：为了引起公众对这一事件的注意，他想写一篇文章。

Then we subject the semiconductor to impurity doping, which turns it into either a p-type or an n-type semiconductor.

译文：然后我们使半导体经过掺杂，以将其转变成 p 型或 n 型半导体。

We have to oil the moving parts of the machine, the friction of which may be greatly reduced.

译文：我们必须给机器的运动部件加油润滑，以使摩擦大大减少。

He is collecting authentic material that proves his argument.

译文：为了证明他的论点，他正在收集确凿的材料。

3. 译成表示“结果”的分句

They tried to stamp out the revolt, which spread all the more furiously throughout the country.

译文：他们企图镇压反抗，结果反抗愈演愈烈，遍及全国。

You “jump on the bandwagon” when you decide to support a candidate because public opinion studies show he is likely to win.

译文：如果民意调查显示某个候选人很可能会取胜，因此你决定支持他，你就“跳上了宣传车”。

解析：译文中将原句的语序作了前后调整，原因状语前置，而主句被翻译成表示结果的分句。

4. 译成表示“条件”的分句

Men become desperate for work, work which will help them to keep alive their families.

译文：人们极其迫切地要求工作，不管什么工作，只要它能维持一家人的生活就行。

Those machine parts the surfaces of which are pitted, must be found and changed.

译文：如果机器部件的表面起了麻点，就必须找出来更换。

5. 译成表示“时间”的分句

A driver who is driving the bus mustn't talk with others or be absent-minded.

译文：司机在开车时，不许和他人谈话，也不能走神。

Electricity which is passed through the thin tungsten wire inside the bulb makes the wire very hot.

译文：当电通过灯泡里的细钨丝时，会使钨丝达到很高的温度。

6. 译成表示“让步”的分句

Although humans are the most intelligent creature on earth, anything humans can do, nature has already done better and in far, far less space.

译文：虽然人类是地球上最聪明的生物，人能创造一切，但大自然更富于创造性，早已创造出比人类创造的更好、更小巧的东西。

He insisted on buying another house, which he had no use for.

译文：尽管他并没有这样的需要，他也坚持要再买一幢房子。

7. 译成表示“转折”的分句

She was very patient towards the children, which her husband seldom was.

译文：她对孩子们很有耐心，而她丈夫却很少这样。

Matter is composed of molecules that are composed of atoms.

译文：物质由分子组成，而分子由原子组成。

二、被动句的翻译

英语和汉语一个明显的不同就是英语广泛使用被动语态，而汉语多用主动语态。凡是在不必说出主动者、不愿说出主动者、无从说出主动者或者是为了便于连贯上下文等场合，英语往往使用被动语态。汉语的动词不具备英语动词那样的形态变化，因而主要依仗词汇手段以及句式来表示被动语态，而且在很多情况下主谓之间的被动关系也是隐含的。英语被动语态的句子译成汉语时，可以大致归纳为以下几种情况。

（一）译成汉语主动句

1. 保存原文主语

当英语被动句中的主语为无生命的名词，而且句中一般没有介词 by 引导的行为主体时，翻译时往往将原句中的主语仍然译成主语。例如：

In fact，circumstances seem to be designed to bring out the best in US and if we feel that we have been “wronged” then we are unlikely to begin a conscious effort to escape from our situation.

译文：事实上，环境似乎旨在激发出我们内在的最大潜能，而如果我们感到自己受到了不公平的对待，那么我们就不太可能自觉地努力逃脱现状。

When it is heated， water can be changed from liquid to gas.

译文：水被加热时，会从液体变成气体。

While we may be able to sustain the illusion of control through the conscious mind alone in reality we are continually faced with a question：“Why cannot I make myself do this or achieve that？”

译文：尽管我们能够仅仅通过意识即可保持这种控制的幻觉，但事实是，我们总是面临着这样一个问题：“为什么我们不能让自己做这件事或完成那件事呢？”

If the Hope Project is approved，work on it will start immediately.

译文：如果希望工程的项目能够立项，那么该项目将立即动工。

2. 原文中主语和宾语的对调

英语中很多被动句子在表示行为主体的词前面都加上 by，翻译时可将这类 by 结构中的宾语译成主语，而将原来的主语译成宾语。例如：

During this transfer，traditional historical methods were augmented by additional methodologies designed to interpret the new forms of evidence in the historical study.

译文：在这种转变中，那些在历史研究中用来解释新史料的新方法充实了传统的历史研究方法。

A couple of centuries ago，nearly all the world’s accumulated learning could be contained in the heads of a few philosophers.

译文：若干世纪以前，若干哲人的大脑中容纳了人类积累的几乎所有知识。

解析：有时，英语被动句中并未出现 by 结构，而只是代之以一个由介词短语构成的状语。这时仍可采用主语和宾语对调的译法，将介词短语中的名词或名词词组译成句子的主语。

3. 增加主语

有些英语被动句并未在句中出现表示行为主体的词或词组，翻译这类句子时，可适当增添一些不确定的主语，如“人们”“有人”“大家”“我们”等。例如：

Machines were expected to do our work for us, leaving us with ever-increasing quantities of time to waste away on idleness and pleasure.

译文：那时我们觉得机器会替代我们工作，我们则有越来越多的时间休闲娱乐。

As ever-larger quantities of goods and services are produced, they have to be consumed.

译文：生产的物品与提供的服务越来越多，总得有人去消费。

With the rapid development of modern science and technology, information can be sent to every part of the world.

译文：随着现代科学技术的迅速发展，我们能把各种各样的信息传到世界各地。

（二）译成汉语泛指人称句

这种句式主要用来翻译一些主语概念宽泛、没有明确所指的句子。译者通过增加“大家”“人家”“人们”等表示泛指意义的代词，将英语被动句译成汉语的泛指人称句。

To explore the moon’s surface, rockets were launched again and again.

译文：为了探测月球的表面，人们一次又一次地发射火箭。

Shakespeare and Scott were read to me till I was about 12.

译文：在我大约12岁以前，一直就有人读莎士比亚和斯科特的作品给我听。

I did not recognize him until he was pointed out to me.

译文：我起先认不出他，后来等到别人指出才知道。

Now “growth” industries are being looked on with suspicion in case their side effects damage the environment and disrupt the relationship of different forms of life.

译文：现在人们以怀疑的态度看待“发展性”的产业，因为它们的副作用会破坏环境，破坏各种生命之间的关系。

（三）译成汉语“是……的”句式

The decision to attack is not taken lightly.

译文：进攻的决定不是轻易做出的。

Poets are born, but orators are made.

译文：诗人是天生的，而演说家是后天造就的。

Rainbows are formed when sunlight passes through small drops of water in the sky.

译文：彩虹是阳光透过天空中的小水滴时形成的。

（四）译成汉语无主句

在翻译一些主语概念宽泛、没有明确所指的句子时，除了可以译成汉语的泛指人称句外，还可以将其译成汉语的无主句。例如：

A plan is needed to strike the enemy right where he lived.

译文：必须有一个袭击敌人所在地的计划。

The fall of piracy was paralleled by the elimination of ship armaments and reduction of crew sizes.

译文：伴随着海盗覆灭的是轮船武装的解除与船员的削减。

Attention has been paid to the new measures to prevent corrosion.

译文：已经注意到采取防腐措施。

Nearly 400 tons of accumulated refuse and dregs were removed altogether in five days.

译文：五天内运走了近四百吨堆积的垃圾和渣土。

This rise in population is accompanied by the desire of more and more people for a better standard of living.

译文：伴随着人口增长的是越来越多的人渴望更高的生活水平。

（五）译成汉语“被”字句

汉语中虽然被动结构不多，但也有用被动形式来表达的情况。这类汉语句子都是着重强调被动的动作，有些说出了动作的执行者，有的没有明确说出动作的执行者。例如：

Such behavior is regarded as "all too human", with the underlying assumption that other animals would not be capable of this finely developed sense of grievance.

译文：这种行为被认为是"人之常情"，它包含一种基本假设——假定其他动物没有这样高度发达的不满情绪。

The large, slow-growing animals were easy game, and were quickly hunted to extinction.

译文：那些大型的、生长缓慢的动物比较容易猎取，并且由于被捕杀而迅速灭绝。

（六）译成汉语特殊结构

除了"被"字句外，汉语还有一些特殊的句式也可以表达被动的含义，它们通常含有"把""由""使""受到""予以"等字词。在翻译英语被动结构时，有时可以借用这类结构。例如：

The Secretary was aware that final decisions must be held open for the President.

译文：国务卿心中有数，最后的决定必须由总统来做。

It must be dealt with at the appropriate time with appropriate means.

译文：这种事情必须在适当的时候用适当的手段予以处理。

He was regarded as a Republican by everybody, even though he had always thought of himself as an "Independent".

译文：所有的人都把他看作共和党人，尽管他一直认为自己是"无党派人士"。

He visited many places, in all of which he was received with the usual enthusiasm which attended his arduous labors.

译文：他访问了许多地方，到处受到热情的欢迎。这种欢迎与他的艰苦努力是分不开的。

And the astonishing thing is that this most dangerous operation was organized by a young attractive twenty-three-year-old Belgian girl, Andree De by name.

译文：令人惊奇的是，这个极其危险的作战行动是由一个年轻貌美的比利时姑娘组织的，她名叫安娜·岱容，时年23岁。

The application of theories should be made the first priority.

译文：理论的应用应予以首要的重视。

（七）常用被动句型的习惯译法

英语中有一些常用的被动结构，一般已有约定俗成的译法，只要记住这些常见的句式即可。下面是一些常见句型的习惯译法。

It is hoped that... 希望……

It is reported that... 据报道……

It is said that... 据说……

It is supposed that... 据推测……

It must be admitted that... 必须承认……

It should be pointed out that... 应该指出……

It will be seen from this fact that... 由此可见……

It is well-known that... 众所周知……

It is asserted that... 有人主张……

It is believed that... 有人相信（认为）……

It is suggested that... 有人建议……

It is felt that... 人们感到……

It will be said that... 有人会说……

It was told that... 人们曾说……

I was notified that... 有人通知……

As is shown in figure 3... 如图3所示……

As is mentioned above... 如上所述……

三、长句的翻译

对于每一个英语句子的翻译，并不只是使用一种翻译方法，而是多种翻译方法的综合运用，这在英语长句的翻译中表现得尤为突出。在翻译长句时，首先不要因为句子太长而产生畏惧心理，因为无论是多么复杂的句子，它都是由一些基本的成分组成的；其次要弄清英语原文的句法结构，找出整个句子的中心内容及其各层意思，然后分析几层意思之间的逻辑关系；再按照汉语的特点和表达方式正确地译出原文的意思，不必拘泥于原文的形式。

（一）英语句子的形成原因

不同的民族存在着不同的思维方式，不同的思维方式影响着语言的生成与发展。在西方哲学发展史上，自然是人类认识的对象，人与自然、宇宙处于一种不可调和的对立关系之中。可以说这种把自然置于人的对立面的哲学思维使得西方的知识论和逻辑学特别发达，从而形成了分析型、外倾型的思维方式。

正是因为这一思维方式使得英文句子大多冗长繁杂，句子里面有从句，从句中套从句的现象随处可见，并且它不仅包括各种复合句，句子的各种成分也都可以附有不同形式的修饰成分。然而，不管长句多么复杂，它都贯穿了一条逻辑链，这条逻辑链都脱离不了一个“主谓结构”。所以，在翻译英语长句的过程中，关键是找出句子主干，然后根据汉语的表达进行相应的调整。

（二）英语长句的基本分析方法

翻译技术上要用最佳句，多用短句，不用或少用长句。翻译上没有一点创造性是译不出最佳作品来的。在翻译英语长句时，可以采用汉语的外位语结构或紧缩结构，化语法链为意义链，轻形合而重义合，不要因为句子太长而产生畏惧感。因为无论它是多么复杂的句子，它都是由一些基本成分构成的。我们可以按照汉语的特点和表达方式，正确地译出原文。在分析长句时，具体可以从以下几个方面入手。

（1）找出句子中所有的谓语结构、非谓语动词、介词短语和从句的引导词，将句子分割成若干个译群。例如：

Behaviorists suggest that the child who is raised in an environment where there are many stimuli which develop his or her capacity for appropriate responses will experience greater intellectual development.

译文：行为主义者认为，如果儿童的成长环境里有许多刺激因素，这些因素又有利于其适当反应能力的发展，那么，儿童的智力就会发展到较高的水平。

解析：例句中含有五个谓语结构，其谓语动词依次为 suggest，is raised，are，develop，experience等，这五个谓语结构之间的关系为：Behaviorists suggest that the child 结构是主句；who is raised in an environment，where there are many stimuli 和 which...responses 是定语从句，其所修饰的先行词分别是

“child”“environment”和“stimuli”。

（2）把握句子的整体结构，找出句子的中心内容。例如：

The principle of laser is that the atoms of a crystal like the ruby crystal can be excited by strong light and can then store this light，amplify it and emit an immensely powerful beam.

译文：激光的原理是：有些晶体（如红宝石）的原子可以受强光激发，然后把这些光储存起来再加以放大，并射出功率强大的光束。

解析：句子中的主语部分是 The principle of laser，谓语部分由四个相并列的表语从句构成 the atoms of a crystal can be excited by strong light / can then store this light / amplify it / and emit an immensely powerful beam）。弄清楚了句子的基本内容，翻译起来就容易了。

（3）注意插入语和其他固定词组或固定搭配。例如：

The election which has led to your being chosen to president over this Assembly—a very wise choice indeed—is a tribute to your great country，which has contributed to the development of the history of free nations a tradition of peace.

译文：这次选举你为本届大会的主席，实在是极为明智的抉择，是对你的伟大祖国的敬意。贵国对自由国家的历史发展贡献了一种和平传统。

解析：例句中 a very wise choice indeed 是一个名词短语用作插入语。

（三）英语长句的基本翻译方法

在了解了长句的表达习惯、基本结构和特征后，我们可以按照英、汉两种语言在表达方式上的差异，按照汉语的特点和表达方式，忠实地把英文的意思翻译出来。为了使句子的重点突出、层次分明、语气流畅，译文可以不拘泥于原文的形式，适当利用一些汉语中的虚词，用上一些总结性的词语或其他的关联词语。具体而言，可有以下几种方法。

1. 顺译法

如果英语长句所叙述的一连串动作和内容的逻辑安排与汉语相当，我们就常常使用顺译法。这种方法就是不改变原句结构的顺序，一气呵成，依次译出。但前提是译文的逻辑必须清楚，语言表达必须通畅。例如：

Thus，in the American economic system，it is the demand of individual consumers，coupled with the desire of businessmen to maximize profits and the desire of individuals to maximize their income， that together determine what shall be produced and how resources are used to produce it.

译文：因此，在美国的经济体系中，正是个体消费者的需求与商人试图将其利润最大化的欲望和个人试图将其收入最大化的欲望相结合，才决定了应该制造什么以及如何利用资源来制造它们。

解析：这是典型的分裂结构 it is+强调成分 +that，译文没有改变原文的顺序，并采用了汉语中的强调结构来凸显原文强调的内容。

If she had long lost the blue-eyed，flower-like charm，the cool slim purity of face and form，the apple-blossom coloring，which had so swiftly and oddly affected Ashurst twenty-six years ago，she was still at forty-three a comely and faithful companion，whose cheeks were faintly mottled，and whose grey—blue eyes had acquired a certain fullness.

译文：26 年前，她那有着蔚蓝色眼睛的、鲜花一般的魅力，那脸庞和身材冰清玉洁，婀娜多姿的风韵，还有那苹果花似的颜色，曾经是那么猝不及防地、莫名其妙地使艾舍斯特怦然心动。而今这一切虽然早已失去，43 岁的她依然是一个面目姣好、忠实可靠的伴侣，只是两颊已出现淡淡的斑痕，灰蓝色的眼睛也添了几分饱满和成熟。

解析：这个句子是由一个主句、一个状语从句和三个定语从句组成的。“她依旧是个好看而忠实的伴侣”是主句，也是全句的中心内容。主句前边是一个假设状语从句，其中又包含一个定语从句，这个定语从句较长，所以译文中应加破折号并放在被修饰语之后。原文各句的逻辑关系、表达顺序与汉语完全一致，因此我们可以“顺藤摸瓜”地按原句顺序译出。

2. 逆序法

按照与原句相反的顺序翻译，主要判断英语句子的语序与汉语的表达习惯是否是颠倒的，即中英文中心句的前后位置是否相反。

（1)定语语序的变化。我们前面讲过，英汉语定语的位置不尽相同。英语中，如果定语部分是短语、从句或词组，要置于所修饰词的后面；而汉语中，定语通常位于所修饰词的前面，因此在翻译时定语部分的语序要发生变化。例如：

His famous will，in which he left money to provide prizes for outstanding work in Physics，Chemistry，Physiology，Medicine，Literature and Peace，is a memorial to his interests and ideals.

译文：他那著名的遗嘱是他的爱好和理想的写照，在遗嘱中他遗留下来的钱，为在物理学、化学、生理学、医学、文学与和平方面的杰出成就提供奖金。

解析：原文中非限制性定语从句是放在句子中间的，如果仍按顺序依次译出的话，译文会变得生硬，将它放在句末更加灵活，也符合汉语表达上的习惯。

Vice-President George Bush is looking forward to President Reagan. a star attractive at today's opening of Republican national convention，to give some sparkle to his presidential campaign.

译文：乔治·布什副总统盼望着里根总统到场，为其总统竞选带来一些亮点，里根总统是今天开幕的共和党全国代表大会上最引人注目的人物。

解析：译文中把插入中间的非限制性定语放在了句末，从而使得译文主次分明、层次清晰、流畅自然。

（2）状语语序的变化。英语的状语从句翻译成汉语时大部分是放在被修饰语的前面，但表示程度或结果的可以放在形容词或动词后面作补语。在复合句中，根据汉语的表达习惯，往往要把一些状语提前放在句首。例如：

Aluminum remained unknown until the 19th century，because nowhere in nature is it found free，owing to its always being combined with other elements，most commonly with oxygen，for it has a strong affinity.

译文：铝总是跟其他元素结合在一起，最普通的是跟氧气结合；因为铝跟氧有很强的亲和力，由于这一原因，在自然界找不到游离状态的铝。所以，直到19世纪它才被人发现。

解析：例句由一个主句、两个原因状语从句和一个定语从句构成。按照汉语"先因后果"的表达习惯，逆着原文的顺序译成了汉语。

One teacher writes that instead of drowning students' compositions in critical red ink，the teacher will get far more constructive results by finding one or two things which have been done better than last time，and commenting favorably on them.

译文：一位老师这样写道：如果能从学生作文中找到一两处比上次做得更好的地方，要提出表扬性评语，而不是一概用红墨水把学生的作文批改得一塌糊涂，教师就能从中得到更加富有建设性的结果。

解析：很显然，句中的方式状语部分被移到了前面。

3. 分译法

分译法主要用于长句的翻译。为了使译文忠实、易懂，有时不得不把一个长句译成两句或更多的句子。分译法（division）作为一种翻译技巧，它除了指句子分译外，还包括某些词语意义的分译。例如：

While the present century was in its teens，and on one sunshiny morning in June，there drove up to the great iron gate of Miss Pinkerton's academy for young ladies，on Chiswick Mall，a large family coach，with two fat horses in blazing harness，driven by a fat coach man in a three-cornered hat and wig，at the rate of four miles an hour.

译文：（当时）这个世纪刚过了十几年。在六月的一天早上，天气晴朗，契息克林荫道上平克顿女子学校的大铁门前面来了一辆宽敞的私人马车。拉车的两匹肥马套着雪亮的马具，一个肥胖的车夫戴了假头发和三角帽子，赶车的速度是一小时四英里。

解析：这个句子是由一个主句、一个状语从句（以及和这个从句相平行的 on one… 的前置词短语）组成，但主语较长，包含了用逗号分开的两个前置词短语和一个分词短语。状语从句所指的大范围时间是整个故事发生的背景，它与主句所叙述的一件具体事情有关系，但并不密切，故可单独分译成一句。主句内的前置词短语（with…）和分词短语（driven by…）都是描述马车；另一个前置词短语（at…）又是这分词短语的修饰语。这三个短语都具有相对独立的意义，因而可从主句里分离开来译成独立的句子。整句可根据内容分三层相对独立的意思进行翻译。

The growth of intercultural communication as a field of study is based on a view of history that clearly demonstrates people and cultures have been troubled by a persistent inability to understand and get along with groups and societies removed by space，ideology，appearance，and behavior from their own.

译文：由于地理环境千差万别、意识形态截然迥异、面貌体格参差不一、行为举止各有特色，我们在和其他文化族群交往时常常很难真正相互理解、和睦相处。这种清晰的人类历史事实持续困扰着我们，因而也催生并发展了一门学科——跨文化交际学。

4. 综合法

综合法即综合使用翻译的各种方法，仔细分析句子的实际情况，灵活变通，不拘泥于一种译法。

Either party may terminate the contract in case of failure on the part of the other party to fulfill or perform any of its obligations hereunder and in the event that such failure remains unremedied sixty（60）days after the service of a written notice as described in Article X below by the non-defaulting party to the other party specifying the failure in question and requiring it to be remedied.

译文：如果一方未完成或未履行其在本合同项下的任何义务，而且未按照下述第 X 条规定在另一方向其送达书面通知，指出其违约行为并要求其予以改正后六十（60）天内，其仍未予以改正的，另一方可以终止本合同。

（The fact was this）From the very day of the capitulation，by which Bismark's prisoners had signed the surrender of France，but reserved to themselves a numerous bodyguard for the express purpose of owing Paris，Paris stood on the watch.

译文：（事实则是这样）从投降那一天起，巴黎就严加戒备，因为俾斯麦的俘虏们把法国出卖俾斯麦的时候就保留了一支相当可观的卫队，目的是为了威吓巴黎。

解析：原文中包含着一个主句、一个非限制性定语从句和一个时间状语从句，由于which 引导的定语从句很长，因此译文中把它译为一个原因状语从句，置于句尾，而将主句 Paris stood on the watch 提到了前面。长句如果是由各种连词连接的多重复合句，翻译时只要在有关联词的地方把句子拆开分别译出，然后组织句子就可以了。

总之，在翻译英语长句时，我们不要因为句子太长而产生畏惧，要充分理解原文的意思、情感和风格等，采用化零为整的方法。根据原文的结构和含义，把它分为几个短句，再按照原文的思路和顺序，用符合汉语的表达习惯，忠实地转达原文的意思。

第四节 语篇翻译技巧

有道是：因字成句，因句成篇。显然，语篇是高于句子的，在一定语境支配下表达相对完整的思想，具有独立交际功能。只要具备了这些基本特征，无论是一个单词、一句话、一次交谈、一则广告、一封书信、一首诗歌，还是一次长篇演讲、一部万言小说，都可视作语篇。语篇翻译是翻译的高级阶段，是对各种翻译方法和技巧综合运用的理想翻译单位。只有通过语篇翻译练习，各种翻译技巧才能得到不断巩固和加强，最终达到融会贯通的较高境界。

一、语篇概述

篇章语言学中对语篇的定义主要是基于语篇的交际功能，而对于语篇的长短及语法结构没有限制。Beaugrande（1980：2）提出："篇章语言学的研究范围将包含各种语言符号，从一个字的语篇（如"火"）到诸如《神曲》那样的鸿篇巨著。"（...text linguistics would constitute the verbal domain of semiotics，dealing with the entire range from one-word texts（e. g. ，"Fire！"）to texts as vast as *The Divine Comedy*. ）胡壮麟（1994：1-2）对语篇的定义是："语篇指任何不完全受句子语法约束的，在一定语境下表示完整语义的自然语言。"对此他给出了进一步的解释："本书所谈的语篇是广义的，既包括话语（discourse），也包括篇章（text），它可以是一个词……它也可以是一个短语或词组……它可以是一个小句……它可以是一副对联、一首小诗、一篇散文、一则日记、一部小说（三部曲或其中的章节）……它也可以是一句口号、一支歌曲、一次对话、一场口角、一次长达两三小时的讲演……"由此可见，语篇的范畴较广，可为词，为短语，为句子，为段落，为一篇文章。然而，具体到翻译实践，特别是笔译，由于翻译的对象往往是超出句子层面的较长的语言单位，因此语篇研究的对象应是连贯而完整的较大的语言交际单位，如段落、整篇文章、会话等。

语篇是表达整体概念的语义单位，是语言在交际中，特别是在书面交际中的对象和理想单位，语篇是不完全受句子语法约束的、在一定语境下表示完整意义的自然语言。衔接性（cohesion）与连贯性是语篇的两大重要特征。衔接性指通过一些语法和词汇手段将语句联系起来，形成有意义的整体。Halliday（1985）将衔接分为四类：照应（reference）、替代和省略（substitution and ellipsis）、连接词（conjunction）和词汇衔接（1exical cohesion）。在翻译时，要能够识别原文中的衔接手段，并以合适的方式呈现在译文中。

二、语篇分析在翻译中的运用

（一）语篇衔接

1. 省略和替代

（1）省略。省略（ellipsis）是一种避免重复、突出新信息并使上下文紧密连接的一种语法手段。一个句子中有一个或几个成分被省略掉，这样的句子称为省略句。省略即用词项空缺的方式达到上下文衔接的目的，语篇中常见的省略包括名词性省略、动词性省略和分句性省略等三类，其中动词性省略是翻译实践中常关注的问题。请看下面的例子：

“There are sharks sleeping at the bottom，” said the guide，flashing a naive grin. “Let’s wake them up.” In a riot of scuba bubbles，tourists and guide plunged 110 feet into an underwater cavern. And true to his word，the guide darted through the gloom，chasing five foot long shadows. Not to worry. In the spectacular undersea world of Palau，the sharks are as laid-back as the local residents. And who wouldn’t be？Slung across the Pacific 800 miles southwest of Guam，the string of islands—eight inhabited，200 or more still unpopulated—make up one of those increasingly rare commodities，a Pacific paradise.

译文：“水下的鲨鱼正在睡觉呢，”导游做了鬼脸笑着说，“让我们把它们叫醒。”随着潜水呼吸器咕噜咕噜的水泡声，旅游者和导游潜入了水下 110 英尺的一个洞天。导游的话不假。他飞快地穿过阴暗层，去追逐那光滑的有 5 英尺长的影子。不用担心。在帕劳区的水下世界的壮丽景观中，鲨鱼犹如当地居民一样自由自在。又有谁不会这样呢？遍及关岛西南 800 英里海域的一系列的岛屿——八个有人居住，两百或更多的岛屿仍荒无人烟——构成了一个日益稀有的宝地，一个位于太平洋中的乐园。

解析：who wouldn’t be 的省略部分有些令人费解，可能的衔接处有二：一是 not to worry，二是 the sharks are as laid-back as the local residents。根据该例后半段的语境，主要在谈关岛附近罕见的水下美景和悠闲生活。因此，正确的衔接处应该是二。在此基础上，译为“又有谁不会这样呢？”恰到好处。

汉语中常见的省略现象是主语省略，即我们常说的零位主语。零位主语的现象较为普遍，采用省略可以较好地与原文契合。由于汉语是意合性语言，只要意思表达得通，可以不用主语；同时，汉语的表达具有流线型的特点，即我们常说的“一逗到底”，往往句首有主语，但句中的主语却发生了变化，汉语读者了解语境自然能够理解，因此无须言明。但在译成英语时，则必须要补出缺省的主语，防止造成误解。请看下例：

我常见许多青年朋友，聪明用功，成绩优异，而语文程度不足以达意，甚至写一封信亦难得通顺，问其故，则曰其兴趣不在语文方面。（梁实秋《学问与趣味》）

译文：I have come across a great many bright and diligent young friends who have done exceedingly well in their studies，but are rather weak in

Chinese. They cannot even write a letter in correct Chinese. When I asked them why, they said they were not interested in the Chinese language.

解析：原句句首的主语是“我”，但随后关于青年朋友描写中的主语显然发生了变化，直至句末，“我”提出问题以及“青年朋友”给出回答，主语又发生了两次变化。译文中则明确区分了不同主语。

（2）替代。省略和替代是同一种衔接关系类别的不同变体。有些语法环境只能用省略，有些语法环境只能用替代。相对于省略是以词项空缺的手段建立前后文的衔接，替代则是用比较简单的语言形式指代前文中出现的内容。因此，翻译时要明确指代内容，运用不同策略以保证译文的衔接。请看下例：

2. 连接词

连接词指句与句之间、段与段之间扣语篇结构各部分之间的逻辑关系上的承接，如英语中的because，so，if，then，although，but，汉语中的“因为”“所以”“虽然”“但是”等。这类词语具有明确的逻辑含义，是组句谋篇不可缺少的手段之一。英语是“形合”语言，连接词的使用比较多；而汉语是“意合”语言，连接词使用较少，句子之间的逻辑关系是隐性的。因此，在汉译英时要仔细分析前后文的逻辑关系，在译语使用合适的连接词以“显化”源语的逻辑关系；反之，英译汉时可以省译一些连接词，以符合汉语的表达习惯。不过，也有一些情况，英语中没有连接词，译入汉语时却要补足，或汉语的连接词在英语中可以省略，具体要视语篇的表达效果而定。请看下例：

我们加快实施国家中长期科学和技术发展规划，特别是核心电子器件等16个重大专项，突破一批核心技术，为中国经济在更高水平上实现可持续发展提供科技支撑。推动发展高新技术产业群，培育新的经济增长点。我们就是要依靠科学技术的重大突破，创造新的社会需求，催生新一轮的经济繁荣。

译文：We are stepping up the implementation of the National Program for Medium-and Long-Term Scientific and Technological Development，with special emphasis on 16 major projects including core electronic devices. We will strive to make breakthroughs in a host of core technologies to support sustainable economic growth at a higher level. We will promote the development of high-tech industrial clusters to cultivate new economic growth areas. All in all，we will rely on major breakthroughs in science and technology to foster new social demand and bring about a new round of economic boom.

解析：原文中没有任何的连接词，译成英语时我们要理清原文的逻辑关系，增补必要的连接词。英语重形合，汉语重意合，英语语篇中所使用的形式衔接手段较汉语语篇要多，因此在语篇英译时应增添必要的连接词或过渡性词语以明示其内涵逻辑，进而把句子和段落间紧密地衔接起来，以适应目的语读者的需求。因此我们可以看到，译文在断句的同时增补了连接词：增补了两个句内连接词to，以表明逻辑关系，第一个to表示突破核心技术的目的是为经济可持续发展提供科技支撑，第二个to表示发展高新技术产业群的目的是培育新的经济增长点；此外，句间增补了连接词all in all，这是基于对整体语篇的理解，原文语篇从技术规划、突破核心技术和发展高新技术产业群等三方面叙述国家的科技发展战略，其最终的目的就是语篇结尾句的内容。因此，原文末句总括了前面的内容，译文加上连接词all in all能够清楚地反映语篇的逻辑关系。

Mead predicts that inventors will be able to perfect powerful customized chips over a weekend at the office—spawning a new generation of garage start-ups and giving the US a jump on its foreign rivals in getting new products to market first. “We’ve got more garages with smart people.” Mead observes. “We really thrive on anarchy.”

And on Asians. Already, orientals and Asian Americans constitute the majority of the engineering staffs at many Valley firms. （转引自胡明亮，2007：106）

译文：米德预言发明者可以在办公室用一个周末的时间生产出完美的、功能很强的、按客户需求设计的芯片——造就新一代从汽车间起家的技术人员，在把产品推向市场方面使美国把它的对手们打个措手不及。“我们有更多的汽车间，而那里有许多聪明人”，米德说。“我们确实是靠这种无政府状态发展起来的。”

靠的是亚洲人。硅谷许多公司中工程技术人员的大多数是东方人和亚裔美国人。

解析：原文第二段开端本该是（we thrive）on Asians，we thrive被省略了译文是“靠的是亚洲人”，省略的内容被补足了，但表示前后连接关系的and没有译出来。尽管英语中的连接词并不一定要在汉语里译出，汉语往往通过意合来表明前后的逻辑关系。但此处情况有所不同：前文说我们靠无政府状态发展起来，后文紧接着说靠的是亚洲人，容易让人产生误解，理解为亚洲人和无政府状态有关；实际上二者是并列的关系，所以应当加上连接词“而且也靠亚洲人”。

3. 照应

照应是一种意义关系。当照应成分用来回指时，它和前文某物建立一种语义关系，这使照应成分要么与所指之物相同，要么在某些方面与之相对。请看下例：

Unlike U. S. carriers with fixed-wing high performance jets that are catapulted into the air and require about 600 feet（180 meters）of deck to land，the Brezhnev will be just a bigger version of the Kiev. Its jump jets take off by racing up its uptilted nose. They land almost vertically.（李运兴，2001：147）

原译：与携载固定翼、高性能喷气机（这种飞机的起飞要用弹射器并要求大约600英尺即180米长的甲板进行降落）的美国航空母舰不同，“勃列日涅夫”号将只是一艘大型的“基辅”号。垂直起降飞机在起飞时是靠其上倾的头部全速直插空中，又几乎是垂直地进行降落。

解析：原文中的三个代词指代不明，特别是前面两个its。原译将第一个its省译，第二个its译为“其”，这样一来产生两个问题：第一，前文说的是航空母舰，如何一下子过渡到垂直起降飞机？第二，第二个its译为“其”后，按照汉语的阅读习惯，容易将“其”认为是前文的垂直起降飞机。那么，垂直起降飞机在起飞时如何“靠”其上倾的头部起飞呢？通读原文后，我们可以了解到该语段谈的是战斗机通过航空母舰起飞的过程。借助我们的背景知识，航空母舰的舰头是上倾的，战斗机借助航母的上倾舰头加速起飞。显然，原文的衔接链应该是：the Brezhnev—its—its以及jump jets—they。因此，翻译时要明确原文模糊的指代关系，修改后的译文如下：

改译：……“勃列日涅夫”号将只是一艘大型的“基辅”号。舰上的垂直升降飞机靠沿上倾的舰头快速滑行起飞，降落也几乎是垂直的。

在门诊大楼前，一群群年轻的大学生组织了志愿队，自发来到医院，为伤者寻找亲人，为亲人寻找伤者。由于伤员太多．通讯不畅，谁也找不着谁。（转引自陈宏薇，2009）

译文：Volunteers were also present at the hospital，offering to look for family members of quake victims. The chaos caused by the calamity and the disruption of communications meant that many had been out of touch with loved ones for days.

解析：上例是新闻翻译的节选，由于新闻翻译具有编译的特点，即略去次要内容，保留主要内容，本例原文中的部分内容没有译出，如“一群群年轻的大学生”和“为亲人寻找伤者”。本例值得我们注意的是最后一句中的两个“谁”在翻译时要确定其照应的对象，才能有效地传递作者的信息。根据前文可以推断，这里的“谁”应当指的是前文中互相寻找对方的伤者和亲人。译者将源语语段的四句重组为三句，“志愿者在医院帮助伤员”是此段的主题，三句中有两句用volunteers作主语，一句用chaos作主语。谓语动词分别选用were also present（记者到达医院时，志愿者在场），meant（that many）had been out of touch（突发地震带来的混乱使伤者与亲人失去了联系），toured（志愿者从一楼到六楼）。目的语语段的主谓语搭配自然，行文紧凑，简略而不失要义。

4. 词汇衔接

词汇衔接是通过词汇选择手段来建立衔接关系的，词汇衔接在很大程度上来自词汇在语篇中的变化方式。韩礼德和哈桑将英语语篇的词汇衔接关系分成四种，即重复（repetition）、同义 / 反义（synonymy / antonymy），上下义 / 局部—整体关系（hyponymy / meronymy）和搭配（collocation）。请看下例：

（Cobe is designed to see just the biggest structures，but astronomers would like to see much smaller hot spots as well. the seeds of local objects like clusters and super clusters of galaxies. They shouldn’t have long to wait.）Astrophysicists working with ground based detectors at the South Pole and balloon-borne instruments are closing in on such structures，and may report their findings soon. （转引自胡明亮，2007：169）

译文：天体物理学家使用南极陆基探测器及球载仪器，正越来越近地观测这些云系，也许不久会报告他们的观测结果。

解析：译文将closing in on译成“越来越近”，这与原文的语义不符；既然用的是南极的陆基探测器，就是说观测点仍在地球，如何能“越来越近地”观测星云呢？实际上，closing in on与前文中的smaller hot spots（科学家希望能观测到更小的热点）存在词义链接关系，因此此处可以译为“更清楚、细致地观测”。

Anyone who travels in foreign countries and observes English on menus and posters，in hotels，and indeed in everyday life can testify that what used to be the King’s lingo has become in these places but a poor relation thereof. （王永东，2012（5）：107）

译文：只要你在外国旅游时注意一下菜单、海报、旅店甚至当地日常生活用英语，就可以知道曾经极为标准的英语已变成异国他乡蹩脚的英语。

解析：上例原文是围绕English展开的，因此English—the King's ling—a poor relation构成了词汇的链接关系。因此将后两者分别意译为“极为标准的英语”和“蹩脚的英语”。

（二）语篇连贯

如果说衔接主要依靠语法手段来保障前后文之间的联系，那么连贯则是在语法以外通过信息的有序排列，形成合理的语义逻辑关系。衔接有明显的词语或语法标记，而连贯没有任何的语法标记，因而翻译时更难以察觉语篇连贯的问题。语篇连贯就是对语篇意义的确定，其中语言单位（包括词和小句）所激活的概念和概念场关系是确定这种连贯关系的认知动因和概念基础。此外，连贯问题累及的语篇范围可能更大，可能是句群中的问题，也可能是段落之间乃至整个语篇的问题。发现和解决连贯问题没有特别的语言层面上的技巧或方法，很多时候，译者都是通过人类认知的普遍规律以及各种语言的表达习惯来判断语篇中是否存在连贯不当的问题。下面将分别讨论不同语篇层面上的连贯问题。

1. 句内连贯

现已问世的各种成语词典数量不少，但读者在学习或写作过程中常为遇到一些情况难以解决而苦恼。

译文：A number of Chinese idiom dictionaries of different kinds have already appeared on the market，but when the student of Chinese meets with certain problems in the course of writing or studying the language，they are of little help.（叶子南、施晓菁，2011：114）

解析：原文缺乏连贯性，似乎两小句之间没有关联。如果直译，得出的译文也同样缺乏可读性。因此，译者对原文的意思作了解释，即现有的成语词典解决不了读者的问题，这才保证了译文的连贯。译文but之后的句子可以将主句they are of little help提前，与前文衔接更加紧密，而且便于我们将长从句往句子右侧转移。译者要对原文负责，必然要保证译文的连贯性。

从表面上看，香港岛就像美国的曼哈顿岛一样，电影和电视上熟悉的画面无法让你接受行走在中环的街道上呈现的事实。这里容纳了你想有多密集就有多密集的建筑群：这里几乎没有在地面上开车、步行甚至呼吸的空间，建造房屋的唯一方式是往空中发展。

译文1：Superficially，Hong Kong Island looks like Manhattan in America.

With impressions from movies and television in your mind, you cannot accept the facts before your eyes when walking down the streets in Middle Ring. Buildings are as dense as you can image. There is rare space for driving. walking, or even breathing. The only way to build houses is to progress towards the sky.

译文 2：The general image of Hong Kong is like that of Manhattan, which you always appreciate in movies and TV programs, but when you are walking down the Central's streets, you will be disappointed at what you see. Buildings are as dense as you can image. There' s little space available to drive, walk or even breathe, and the only way left to build is up.

解析：上例初看并不难译，只需按部就班地将每个小句的内容逐一翻译，也许当中做一两次断句处理即可。依照这种翻译思路，我们可以得出译文 1。但是，如果我们仔细分析原文，会发现原文的第一句话中有些连贯不畅，即“香港像美国的曼哈顿”和后面的小句是什么关系？“电影电视上熟悉的”什么画面？为什么熟悉的画面让人无法接受行走在中环的事实？这些问题的答案原文没有点明，因此需要译者去建立这些关联，否则得出的译文是缺乏连贯性的。

为了在译文中建立合理的逻辑关系，译文二进行了增译，which you always appreciate from movies and TV programs 既联系了“香港像美国的曼哈顿”和后面的小句，又解释了电影上熟悉的画面以及后文中解释了为什么对现实感到失望，appreciate 与后文的 disappointed 正好形成对比，促成了译文的连贯。

2. 句群连贯

句群，简单来说就是大于两个以上的句子组合。句群的特点是句子之间彼此具有衔接和连贯的关系，同时各个句子都具有中心指向性，围绕某个主题展开叙述。句群的连贯性首先要求的是内容的集中，内容上的内在联系。句群中的各句要围绕一个中心去写，一句一句连贯起来，组合在一起，成为一个有机的整体。请见下例：

CO is a colorless, odorless, tasteless gas that fortunately is not known to have adverse effects on vegetation, visibility, or material objects. Its dominant environmental impact appears to be toxicity to man and animals, which arises from its well-known competition with hemoglobin in red blood cells, as in equation 3. 1.（余高峰，2012（3）：186）

译文 1：一氧化碳是一种无色、无臭、无味的气体，幸好尚未发现它对植物，对能见度，或者对物质材料有什么坏的影响，它最突出的环境问题是对人体和动物体有毒，其毒性在于它与红血球里的血红蛋白争夺氧，见反应式 3.1.

译文 2：一氧化碳是一种无色、无臭、无味的气体，对植物、能见度和各种物品都没有害处，可是，由于它跟红血球里的血红蛋白争夺氧（见反应式 3.1）对人体和动物体有毒，就会造成严重的环境问题。

解析：对比两则译文不难发现，尽管译文 1 基本译出了原文的全部信息点，但语篇欠逻辑性：前句说一氧化碳没有什么坏的影响，后句紧接着说一氧化碳有毒，当中没有丝毫的过渡。再看译文 2，我们能够了解到其实原文的两句话之间有着隐含的转折关系：一氧化碳通常无害，但在某种特定的情况下是有害的。因此，译文 2 凸显了这一层逻辑关系，并调整了语序，将产生这种结果的条件提前。

3. 段落连贯

连贯性是英文段落的重要特征之一，指的是一个段落中，句子与句子之间的连接自然、流畅，前后脉络清晰，使读者阅读起来有行云流水的感觉。要使英文段落具备连贯性，段落的内容关系必须清楚，句子之间的过渡和发展要顺畅，前后应互相照应。

一篇翻译，语篇单位越大，越不容易找出问题，这主要因为问题的隐蔽性给逻辑分析造成更大的难度。同时，这也需要翻译意识的转换：由小句意识上升为语篇意识，建立起翻译的全局观。请看下例：

Good afternoon，everybody. On Friday，we learned that the United States received a downgrade by one of the credit rating agencies. Not so much because they doubt our ability to pay our debt if we make good decisions but because after witnessing a month of wrangling over raising the debt ceiling，they doubted our political system' s ability to act.

The markets，on the other hand，continue to believe our credit status is AAA. In fact，Warren Buffett，who knows a thing or two about investments，said "If there were an AAAA rating，I' d give the United States that". I and most of the world' s investors，agree.

That doesn' t mean we don' t have a problem. The fact is，we didn' t need a rating agency to tell us that we need a balanced long-term approach to deficit reduction. That was true last week. That was true last year. That was true the day I took office.

We didn' t need a rating agency to tell us that gridlock in Washington over the last several months has not been constructive, to say the least. We knew from the outset that a prolonged debate over the debt ceiling, a debate where the threat of default was used as a bargaining chip, could do enormous damage to our economy and the world. （平洪，2012（6）：85-86）

译文：大家下午好。上周五我们获悉，一家信用评级机构将美国的债务信用评级从满分的“3A”下调至“2A+”，并非因为他们怀疑美国的还债能力（如果我们能有作为的话，根本没有问题），而是因为目睹围绕债务上限问题我们内部长达一个月的“扯皮”后，他们怀疑美国政治制度的作为能力。

事实上，市场依然相信美国的信用状态是最高的“3A”等级。全球著名“股神”巴菲特（Warren Buffett）最近说：“如果有4A级别的话，我会把它给美国。”我和全球大多数投资者都认同巴菲特的观点。

这并不意味着我们没有问题。只不过我们不需要一家信用评级机构来指手画脚，告诉我们美国需要一种平衡的、长期的方法来削减赤字。其实，无论是上周、去年、还是我上台执政的那一天，我们就已经明白这个道理。

我们也不需要一家信用评级机构告诉我们，过去几个月华盛顿的政治僵局危害极大。我们从一开始就知道，有关借债上限的冗长争论会对美国乃至世界经济造成重大损害。然而在这场争论中，美国债务违约的威胁被当作政党之间讨价还价的筹码。

解析：例句是美国总统奥巴马的一篇演讲的部分内容，其背景是2011年8月5日，标准普尔公司下调了美国的债务评级，从AAA级下调至AA+级，引起全球金融恐慌。为了稳定民心以及美国在全世界的地位，奥巴马作了这样一次讲话，他意图传递的信息是：美国没有债务危机，降级的原因是共和党人咬住借债上限问题不放引起的。这一点可以从原文的语篇结构中得到印证。

第一段——美国债务评级被降低，不是因为我们没有还债能力，而是因为我们的“内讧”；

第二段——市场相信美国的信用，以巴菲特为论据；

第三段——我们虽然有问题，但我们知道该怎么做；

第四段——与首段呼应，我们的“内讧”将极大损害世界经济。

为了传达说话人的意图，译文做了几处增译，以增加句子的前后连贯性。如原文第一段中if we make good decisions的译文是“如果我们能有作为的话，根本没有问题”，其中“根本没有问题”是译者添加的，体现了美国对自身还债能力的信心；再如原文第三段中三个并列的that短句，译文解释为“我们就已经明白这个道理了”，同样体现了美国自负的态度。

此外更重要的是，要突出“内讧”才是美国信用降级的“杀手”，对此译文从选词到结构都做了调整（画线处）。在翻译原文第一段中的wrangling时，译文用了一个贬义词——“扯皮”；在翻译原文末段has not been constructive时，译文刻意加深了程度，译为“危害极大”；在翻译原文最后一句话时，译者增加了连接词“然而”，突出作者的态度：即便知道借债问题对美国经济和世界经济的影响，两派政党却还将其作为讨价还价的筹码。

以上种种都体现了译者基于对语篇整体意义和说话人意图的理解，在译语语篇中所做的选词、衔接和连贯等各种调整。

第四章 英语翻译与文化、美学

翻译与文化可以说是紧密相关的，翻译是语言之间的转换活动，而语言本身就是文化的一种表现形式和重要载体。本章就首先对文化的基础知识进行论述，进而详细探讨文化差异与翻译的相关性，以及翻译美学。

第一节 文化概述

在人类社会中，文化是一种特有的现象，是人们所觉、所思、所言、所为的总和。文化行为并不是随心所欲的，它会受到社会各个要素的制约。本节就对文化的相关内容展开简要概述，包含文化的定义、属性、特征、分类及其作用。

一、文化的内涵

文化是一个包罗万象的概念。自从 19 世纪以来，人们对“文化”这一术语就没有一个确切的、统一的界定。到目前为止，国内外关于文化的定义多达 500 种。有人认为文化就是文明；有人认为文化就是交际或者跨文化交际；也有人认为文化是人与人之间的动态建构等。本书作者为了能够清楚地分析“文化”这一概念，主要从中西方两个角度对文化的界定展开探讨。

（一）中国对文化的界定

“文化”一词古已有之，但是在古汉语中，这两个词是分开使用的。“文”的本义是指各色交错的纹理，有纹饰、文章的意思，如《礼记·乐记》中有“五色成文而不乱”的记载。后来，《说文解字》中称：“文，错画也，象交叉”，在这里的“文”有了两层引申意义：一是指各种象征符号以及文物典籍、礼仪制度等；二是指在伦理之说的基础上引出的装饰、彩画以及人为修养等含义。

“化”本义是改易、生成、造化，如《易·系辞（下）》中有“男女构精，万物化生”的说法；《庄子·逍遥游》中称：“化而为鸟，其名为鹏”。后来，“化”引申为教化、改造、培育等含义。

而“文”与“化”合并成一个词语使用是在西汉之后。西汉刘向的《说苑·指武》

中记载：“圣人之治天下也，先文德而后武力。凡武之兴，谓不服也；文化不改，然后加诛”。此句中，“文化”的含义是指古代君王治理王朝的一种手段，即文治教化。在此之后，“文化”一词被广泛使用并且引申出很多其他的含义，有的与无教化的“野蛮”“质朴”相对，有的与天造地设的自然相对。可见，文化有了人文、人伦的含义。

到了近现代，“文化”一词已经成为一个具有丰富的内涵意义和外延意义的多维概念，使用的范围和领域也是非常广泛的。

我国 20 世纪 70 年代出版的《辞海》一书对文化是这样定义的：文化有广义和狭义之分。从广义上说，文化是在社会发展过程中，人类所创造的物质财富和精神财富的总和；从狭义上说，文化是指一种社会意识形态，以及与之相适应的制度和组织机构。

从上述几种定义可以看出，汉语中的“文化”大致分为以下两种含义。

（1）用作动词。文化是一个用特定方法来普及和教化文明礼仪的过程。

（2）用作名词。文化是人类意识、精神、智慧以及创造成果的集合。

（二）西方对文化的界定

西方语言中的“文化（culture）”一词源自于拉丁文 cultus，它的意思是“开化、开发”，常用于居住、耕种、练习以及敬畏神灵。到了中世纪以后，“文化”开始用来指精神层面的审美情趣和价值观念。19 世纪下半叶，随着社会学、人类学以及文化学等学科的兴起，很多学者给“文化”一词下了不同的定义。

在众多的文化定义中，以人类学家泰勒（Edward Tylor）以及马林诺夫斯基（Malinowski）的观点最受推崇。前者认为：“文化是一个复合的整体，包含知识、信仰、艺术、道德、法律、风俗，以及人类在社会里所获得的一切能力与习惯。”这是以文化的精神性和整合性为着眼点进行分析的。后者认为：“文化是一种能够满足人类生存需要的社会制度，也是一套有组织的风俗与活动的体系。”这是以文化的制度性和功能性为着眼点进行分析的。

1952 年，美国著名的学者阿尔弗雷德·路易·克罗伯（Alfred Louis Kroeher）与克莱德·克拉克洪（Clyde Kluckhohn）在他们的著作《文化：关于概念和定义的评述》（*Culture：A Critical Review of Concepts and Definitions*）一书中共总结了关于文化的 164 条定义。这些定义一部分是前人从不同角度定义的，内容或具体或抽象，一部分是自己提出的新的定义，主要有以下几点。

（1）文化是由外显行为模式和内隐行为模式构成的。

（2）这两种行为模式通过符号获得和传播。

（3）传统观念是文化的核心，尤其是价值观念。

（4）文化代表了人类的显著成就。

（5）文化体系可以视为活动的产物，而且决定着下一步的活动。

可见，两位学者定义了“文化”的方方面面，这可以说是比较全面的定义。

此外，从跨文化交际的角度出发，社会语言学家戈德朗夫（Goodenough）和本尼迪克特（Benedict）对“文化”做出了更为准确、直接的定义。戈德朗夫指出，“文化是由人们为了使自己的活动方式被其他社会成员知晓、接受和相信的一切组成”，与生物遗传不同的是，它是需要人们学习的一种东西，而且必须由知识（即学习的终端产品）组成。本尼迪克特认为，“文化是一种思维和行动方式，这种方式是通过不同民族的活动表现出来的”。从上述定义中可以看出，两位学者都强调文化的民族性，前者侧重于民族内部的规范，而后者侧重于民族之间的差异。

综上所述，虽然中西方学者对于文化的定义看法各异，但都体现出文化是一个包容性很广的概念。不同的民族在不同的生态环境下，创造独特文化的同时也被自己的文化所塑造。综合以上观点，本书认为文化是人类有意识地创造的一切物质财富和精神财富的总和。

二、文化的属性

由于不同国家、不同民族都有自己的文化环境，也呈现着不同的特点，要想认识到不同文化及其文化现象，除了了解其定义之外，还需要了解文化的属性。文化包含根本属性和其他属性两大类。

（一）根本属性

从根本上说，文化是人类的生命创造活动，属于广义上的精神存在。在这里，它包含以下三个层面的含义。

首先，文化是一种“属人的”行为及结果。其中“属人的”主要是为了体现人类本身对周围环境有着明确意识的这一根本属性。实际上，这一属性是对人与动物作了明确的区分，虽然动物也可以在群体之下更好地生存，但是动物之间是没有文化可言的。

其次，它明确了“生命创造”这一概念。所谓“生命创造”，是指人类的实践活动不仅是人类有意识、有目的的活动，更主要是人类从客观的实际以及人类的规章法则出发的一种创造性的活动。这恰恰体现了人类实践活动的本质。

最后，这种生命的创造是有一定条件的，是将人类置于广阔的社会现实关系之中的生命创造，其创造的结果也反映了各个层面的精神的“物化”存在物。

可见，有明确的意识和明确的目的，并且能够依据规律和法则进行创造，这三个层面就构成了人类本质的鲜明标志。

（二）其他属性

除了精神存在这一根本属性外，文化还具有双重性与超越性。下面分别予以说明。

1．双重性

文化具有双重性，这里的双重性是从共时的角度来说的。之前已经明确提到，文化是人类为了生存和发展而进行的生命创造性活动。恩格斯曾经说过：“文化上的每一步都是迈向自由的一步”。 它是人类本质力量的重要体现，是人类智慧的结晶。实际上，它本该为人类的精神生活服务，但是文化一经形成并被人们普遍认可，那么它就会成为一种可以塑造人的强大的社会力量。可见，文化是由人类创造的，人类起到主体性的作用，但是文化形成之后又反过来对人类进行塑造，这种强大的塑造力会使人类丧失或者部分丧失其原来的主体地位。因此，文化具有了双重性，即人类与文化的双重建构。而需要提出的是，文化对人类的塑造不仅仅是单方面的，而是多层次的，它既可以提高人的精神境界，也可以使人类成为文化的仆从致使酿成悲剧；这种制约和支配的作用既可以呈现在道德上，也可以呈现在哲学、政治、宗教等层面上。

2．超越性

文化具有超越性，这包含以下两个层面的含义。

（1）作为人类精神的客观物。文化虽然是一定历史时代的产物，却可以超越历史时代的限制，它并不会因为历史时代的消亡而消亡。例如，古希腊神话故事，虽然其产生的历史时代已经消失了，但是在今天这个时代仍旧是欧洲文化的瑰宝。

（2）在精神层面的文化对物质层面的生活有着一定的超越作用。马克思主义哲学指出：物质决定精神，文化是由一定的社会生活决定的，并随着时代生活的发展而不断发展变化，这就说明了物质条件是文化得以生存和发展的保证。

三、文化的特征

文化是由人创造并发展的，与人类本身和人类的活动有着直接、密切的关系。从哲学上来说，文化具有共性和个性的特征。其中的共性是说人们的认识都是来源于一个客观的自然环境，因此是基本相同的，主要包含继承性、民族性、社会性、可变性五个层面。而个性是指受各民族所处环境的影响，因此产生了不同的语言文化。下面主要从文化的这几个共性特征来进行具体论述。

（一）文化的继承性

文化是一种历史现象，是社会历史的沉淀物，是特定历史发展的时代文化，因此具有很强的继承性。每一代人都会在继承原有文化的基础上发展自己的文化，为社会文化的发展做出应有的贡献。这也就形成了历史文化不断扬弃和更新的局面。例如，中国人在喜庆日有挂红灯的习俗，这是继承并延续了中华民族数千年来的传统文化的表现。再如，中国古代有著名的科举制度，现在仍旧保留着科举选拔的形式，但是摒弃了传统的八股文考试的内容，取而代之的是现代科学知识。

（二）文化的兼容性

任何文化都具有兼容性，文化的兼容性是文化生存和发展的内在动力。我们所说的“封闭式文化”和“开放式文化”都是相对而言的，完全封闭或完全开放的文化是不存在的。这是因为完全开放的文化因为消除了自身的文化个性就会消融在其他文化之中；完全封闭的文化则因为缺乏与其他文化的交流而失去发展更新的动力，最终走向消亡。

（三）文化的社会性

文化是一种社会现象，因此它具有社会性特征。这主要体现在以下两个层面上。

（1）相对自然而言，文化是人们创造性活动的产物。例如，树根、冰块、贝壳、苇草等自然物品经过人们加工之后变成了冰雕、根雕、饰品、草鞋等文化物品。

（2）相对人类行为而言，文化对人的行为有着重要的规范作用。一个人从小在什么样的文化环境下生活，他的言谈举止也就会被纳入相应的轨道。同时，人们也可以在文化的轨道中掌握多种多样的处世规则，因此可以说人既是社会中的人，也是文化中的人。

（四）文化的民族性

各民族的文化共同构成了人类文化的总体，因此从不同民族的角度来分析，文化具有明显的民族性特征。由于各个民族生存环境、社会经济水平以及文化积累程度不同，形成了民族文化鲜明的“特异性”。

民族是一个社会共同体，因此越古老的文化，其民族性就越强。例如，中华民族是以汉族为主体的拥有56个民族的大家庭，而其中每个民族都有其自身的特色，如蒙古族善于骑马射箭、维吾尔族擅长歌舞等。

同样，西方国家的各个民族文化也体现了民族性的特征。例如，希腊民族和犹太民族对待宗教的态度就是大不相同的。前者在处理人与神的关系上，始终追求的是人与神的自然和谐统一；而后者将上帝看成是万能的，因此宇宙中的万物尤其是人类都受到上帝的支配，尽管人类有着无穷的智慧，但是也不能触犯神威，这种对神绝对服从的思想变成了犹太民族根深蒂固的文化心理，这就是文化的民族性。

（五）文化的系统性

文化的系统性，是指一种文化就是一个自成体系的文化系统。这个文化系统包括物质文化、制度文化和心理文化三个方面的内容。其中，“物质文化是外显性的，是文化的基础；制度文化是文化的关键；心理文化则是文化的主导与核心。三者相互联系、相互作用，共同构成了一个完整的文化统一体。”

物质文化属于表层文化。例如，饮食文化、服饰文化、茶文化、工艺品文化、建筑文化等。制度文化属于中层文化。例如，人际关系中的礼俗文化、行为方式等。心理文化由人类在社会实践和意识活动中长期形成的价值观念、思维方式、宗教信仰、社会心态以及审美情趣等多种因素构成。心理文化将与人类息息相关的内容借助一定的媒介升华为精神性的观念形态，故又被称为“心态文化、观念文化”，属于深层文化。

（六）文化的可变性

文化是人们满足自身需要的结果，因此会不断适时地进行调节，这就是文化的可变性特征。对于这一点，可以从以下两个角度进行理解。

（1）从历时角度来说，受政治变更、经济发展的影响以及外来文化的冲击，不同时期的文化也相应地发生了巨大的变化。例如，古代对于美女的评判，楚汉时期以纤细为美，而唐朝以丰腴为美。

（2）从共时角度来说，文化的发展源于技术的发展以及新发明的出现，如电脑、电话、电视、互联网的出现给人们的思维方式和行为方式带来了很大的变化；而飞机、火车、汽车的出现也改变了人们传统的交通方式等。

四、文化的作用

随着社会的进步和发展以及国与国之间的交往日益紧密，文化的作用越来越突出。概括来讲，文化主要有以下三种作用。

（一）文化是认识世界的武器

文化能够帮助人们正确地认识和了解世界。正如人类学家哈维兰德（W. A. Haviland）所说："People maintain cultures to deal with problems or matters that concern them."（人们之所以会将文化保存下来就是为了解决与之相关的各种问题。）

当今世界，人们普遍认为：文化之所以能够产生，并不断进步和发展，主要是因为它能为每一个人展示一个可预知的世界，帮助人们更清楚地了解和认识自己所处的环境，包括自然环境、社会环境、经济环境以及人文环境等，使人类在环境中以恰当的方式与自然、社会和他人进行交往，从而更加平稳地生存下去。

（二）文化是基本的生活需求

到今天为止，文化的触角已经延伸到人类生活的方方面面，它已经成为人类的一种基本生活需求。

马林诺夫斯基认为，文化发展到今天已经成为满足人们基本需求、派生需求和综合需求这三种需求的主要手段。基本需求是指住所、食物、人身保护等；派生需求主要包括工作或生产组织、社会监控、食品分配和防卫等；综合需求指的是心理上的安全感、社会生活目标、社会和谐等。由于文化的差异性，满足上述需求的方式和方法也会有所不同，但人们求助于所属文化的目的却是相同的，那就是要在生理方面和情感方面正常而健康地生存下去。

（三）文化教会我们为人处世

文化可以教会人们如何合理、恰当地为人处世。每个人自出生起就开始接受文化提供的行为模式，就在文化的影响下学习如何以一种特定文化的行为准则去处理事情。在特定文化的影响下，人们会不断地运用并形成该文化的行为准则、道德规范、生活方式、社会习俗、世界观、价值观、思维模式及交往方式等，从而能在特定的文化和社会中应付自如，如鱼得水。如果没有文化的影响，没有特定的行为模式，人们就无法运用智慧进行生存、竞争和自我防卫，人们只能生活在混沌的未知世界里，无法与他人正常地交往和相处，整个社会也将失去秩序，变得混乱。在漫长的人类社会的发展进程中，人们在文化的引导下将自己所积累的经验总结为智慧，从容应对各种艰难复杂的生存环境，使人类自身乃至整个人类社会都朝着健康、稳定的方向发展。

综上所述，文化能够帮助人类更好地认识世界，教会人们为人处世的方法，在人们的生活中，文化更是一项不可缺少的必需品。

第二节 文化差异与翻译

所谓文化差异，是指人们所在的生态和自然环境不同，其形成的历史、知识、语言、道德、信仰、思维方式、风俗习惯等方面也存在明显的不同。中西方在文化上的差异使得人们对同一理念、同一事物有着不同的理解和解释，有时甚至会产生误解。我们知道，语言与文化密切相关，而作为语言的重要组成部分，翻译必然与文化有着千丝万缕的关系。因此，如果不了解中西方文化的差异性，就必然会影响翻译的准确与顺利进行。为了在文化的大背景下更好地进行翻译，本节就具体分析和探讨一下文化差异与翻译的相关内容。

一、文化与翻译的关系

文化与翻译之间的关系密不可分，这主要体现在以下两个层面上。

（一）文化影响翻译过程与策略

首先，翻译不仅是一种简单的文本转换，还是一种文化的传递。因此，翻译实践除了受语言因素的影响之外，还受社会因素和心理因素的影响。可见，翻译什么样的作品、如何对其进行翻译，往往受文化背景与特定文化环境的影响，还受译者本身的文化观念的影响。总之，文化对整个翻译过程都有极其重大的影响。

不同的文化在某种程度上会有一定的相似之处，但是由于地理环境、宗教信仰、风俗习惯等方面的差异，导致文化有着不同的内涵意义，这也是翻译的难点所在。之前已经提到，翻译的过程包含理解、表达与校改三个阶段，在理解与校改这两个阶段的比较中，理解固然重要，但是最终的目的还是要将原文的真实含义表达出来。

例如，在一段人物描写或者一篇诗文中，其中都会夹杂着当时的社会文化因素，如风俗习惯、生活态度等，而译者的任务就是通过一种语言所固有的生活模式去阐述并再现另一语言的生活模式。换句话说，就是要求译者对源语文化及其意义进行分析，然后将其传达给译语读者，实现良好的跨文化交流。然而，由于受自身文化取向及其所存在社会背景的影响，译者在翻译的过程中会不自觉地将其主观文化因素带入译文中，在一定程度上会让译文的文化视野存在一定的局限性，并且会让译文带有译语文化的时代烙印。

其次，文化差异也会对采用的翻译策略造成一定的影响。在翻译的过程中，不仅要对语言的表面含义进行分析，还要对语言的深层文化内涵进行把握。由于不同民族文化的内涵不同，他们所采用的翻译策略也明显不同。关于文化翻译的策略，将在下述章节做重点分析和论述，这里就不再赘述。

（二）翻译促进并丰富文化

翻译作为文化传播的纽带，对跨文化间的交流与发展起着越来越重要的作用，尤其是随着经济全球化的迅速发展，各国间的交流日渐增多，这些交流都离不开翻译的有效推动。翻译的过程就是文化交流的过程，翻译不仅缩短了各个国家和民族之间的文化距离，对彼此间的文化都有不同程度的理解与接受，反过来也促进了各个国家和民族间的文化融合。用一句话来讲就是，翻译的顺利进行有利于促进并丰富各个国家的文化。

近年来，随着时代的发展以及国际交流的不断深入，各国语言之间也在不断融合，汉语同英语的接触达到了空前的广度和深度。外来词也逐渐融入汉语文化中。例如，把好东西 show（展示）一下，摆个 pose（姿势），出门打的（Taxi），AA 制等。同时，如 VOA，WTO，VIP 等一系列的缩略词语也都被引入汉语中，逐渐被中国文化接受。

另外，外国的文学作品也在不断地被介绍到中国，尤其是小说的传入，使得小说是可以置身于诗词古文作品之间的观念在汉语文化中开始被接受和认可，并且西方的小说对中国的文学也产生了深刻的影响，促进了中国文学的现代化。

二、文化差异对翻译的影响

不可否认，英汉文化差异必然会对翻译造成一定的影响。如果对中西文化差异以及文化差异对翻译所造成的影响有了清楚地认识，则可避免因文化差异而造成的翻译错误。

美国著名翻译理论家尤金•奈达将翻译中的文化因素分为以下五类：语言文化（Linguistic Culture）、社会文化（Social Culture）、宗教文化（Religious Culture）、物质文化（Material Culture）和生态文化（Ecology Culture）。翻译过程中遇到的各种文化差异基本上都包含在这五种文化因素中。语言文化的差异主要体现在词汇、句法、语篇上，这在第三章已经详细论述，此处就不再多说。下面就从余下四个层面对文化差异对翻译的影响做重点探讨。

（一）社会文化差异对翻译的影响

社会文化错综复杂、包罗万象，一个民族的历史、政治、经济、风俗习惯、价值观、思维方式以及社会活动的特点和形式等都是社会文化的表现。与其他文化相比较，社会文化差异对翻译所造成的影响更大一些。以下就针对几种英汉社会文化表现差异对翻译的影响进行简要介绍。

1. 价值观念差异

中国是一个历史悠久的国家，从原始社会开始，就处于一个群体网络的文化中。氏族社会的人们认为，他们的血缘关系是维系在一起的，建立了一种长幼尊卑的社会体系，这一体系从古代一直延续至今。在群体生活的环境下，中国人形成了一种统一的价值观念和道德准则，这就是集体主义。以集体主义作为价值取向，要求人们一定要处理好个人与集体的关系，当个体与集体发生矛盾的时候，也一定要以集体主义为主，即“小家服从大家，个人服从集体”。这种观念在古代的很多思想中都得以体现，如“人心齐，泰山移”“众人拾柴火焰高”等俗语就是对其最好的体现。以集体主义作为价值取向，要求人们一定要注重长幼尊卑，如“君叫臣死，臣不得不死；父叫子亡，子不得不亡”就是对这一观念的体现。到了现代，则主要体现在对年纪比较大或者职位比较高的人的一些尊称上，如遇到年纪大一些的一般称呼其为“大爷”“大娘”；遇到职位比较高的人一般称呼其职位等。以集体主义作为价值取向，还要求人们一定要注意人际关系的处理，彼此之间要相互宽容、相互体谅并相互关心。任何事情都要以诚待人、以心交友。

与中国的集体主义截然相反，西方人倡导的是个人主义价值观念，并受到西方学者的大力推崇。西方人崇尚的是自由、民主、平等的价值观念，因此他们在意识、权利上也要求自由和平等。西方人以个人主义作为价值观念，他们更加注重互不侵犯以及利益的平衡，因此在处理交际关系时也比较讲究个体的权利不能被侵犯。尤其是在个人隐私上面，他们不会涉及年龄、收入、财产等个人问题。

由于英汉文化在价值观念上存在明显的不同，这必然会对翻译产生一定的影响。以“老”的翻译为例，在西方国家“老”这个词已经失去了竞争力，并且已经逐渐被淘汰，因此需要用其他的委婉词语来替代。例如：

the advanced in age 年长者

the mature 成熟者

senior citizens 资深者

a seasoned man 历练者

因此，对于介绍人们在西方国家的公交车上给老人让座的情况，不要译为old man，而应该译为courtesy seats。

另外，在意识形态上，英语中有较多的词语来解释个人的力量、个人的进取、个人的意志。例如：

Every man is the architects of his own fortune.

自己的幸福靠自己。

Where there is a will，there is a way.

有志者，事竟成。

You have no blow your own horn.

应吹自己的号角。

因此，在翻译此类句子时，需要按照西方人的价值观，将西方人的个性特征准确地翻译出来。此外，由于两个民族在时间观念上存在着明显的差异，因此在翻译的时候也需要特别注意，有时候需要将“前”译成“将来”，将“最后”译成“最新”。latest就是这样的例子，其本意是“最后的”，但是在很多情况下要将其翻译成“最新的”。例如：

the latest news 最新消息

the latest development of sth. 最新发展

the latest discovery of sth. 最新发现

2．思维方式差异

相对而言，中国人重具象思维，对事物的描述和表达都尽可能地具体；而英美人重抽象思维，擅长用抽象的表达描述具体的事物。因此，英语文章中多概括、笼统的抽象名词，而汉语文章中多具体词语。在翻译这些抽象词语时，如果生硬直译，必然会使译文晦涩难懂，因此需要将英语中的大量抽象名词具体化，以使译文符合汉语表达习惯。例如：

Is this emigrantiong of intelligence to become an issue as absorbing as the immigration of strong muscle?

知识分子移居国外是不是会和体力劳动者迁居国外同样构成问题呢？

本例原文中的 intelligence 一词原义为“智力，理解力”，muscle 的原义为“肌肉，体力”。但译文并没有进行死译，而是灵活地将它们译为了“脑力劳动者”和“体力劳动者”。很明显，将抽象名词具体化以后，译文就更容易理解了。

（二）物质文化差异对翻译的影响

所谓物质文化，是指一个民族的生产工具和设施、经济生活和日用品以及科学技术等各方面的条件。物质文化包含的内容非常丰富，涉及人们生活中的衣、食、住、行用各个方面。各个民族、各种语言在物质文化方面的交流是非常活跃的。俗话说“民以食为天”，饮食文化可谓物质文化中最重要的内容之一，各民族之间饮食文化的交流也最为频繁和丰富。我们早已熟悉的“汉堡包”“比萨饼”“奶昔”“泡芙”等名词来自于英语词汇，而英语中也有 tofu，dim sum 等说法。

中西方饮食文化的差异性随处可见，如西方人以蛋糕、面包等为主食，而中国人主要吃大米、面食等。因此，如果把 a piece of cake 译为“一块儿蛋糕”，肯定很多中国人都不理解。这是因为蛋糕在英美人的生活中非常常见，但是在中国则不然，当然制作蛋糕就更少见了。因此，对这个短语进行翻译时，应该选用意译的翻译技巧，将其译为“小菜一碟儿”比较妥当。

除了饮食文化之外，物质文化还包括其他非常广泛的内容，如东西方的日常用品、服饰文化等。例如：

That engineer designed a glass partition with Venetian blinds.

那个工程师设计了一道活动百叶窗式的玻璃隔墙。

上例中，Venetian blinds 不是“威尼斯盲人”的意思，而是指“百叶窗”。

总之，在翻译的过程中，物质文化差异对翻译的影响也是不容忽视的，只有准确把握这些文化差异，才能更好地翻译文章，从而达到不同民族文化进行交流的目的。

（三）宗教文化差异对翻译的影响

不同的民族有着不同的宗教文化，汉语中宗教文化主要受佛教和道教的影响，英语中宗教文化主要受基督教的影响。不同的宗教文化对翻译也造成了一定程度的影响。因此，在进行翻译时，需要结合不同民族的宗教文化及其深层内涵译出原文的真实含义，令译语读者容易理解。例如：

无事不登三宝殿。

译文 1：No one comes to the Hall of Trinity without a reason.

译文 2：Only goes to the temple when one is in trouble.

翻译“三宝殿”时，译文 1 将其译为 the Hall of Trinity，从字面含义很容易误导英语读者，会让其错误地认为汉语文化中也存在基督教的“圣父、圣子、圣灵”三位一体论。译文 2 则将其真实的含义译出来，这样会避免英语读者对其产生不必要的误会。可见，在翻译时需要注重分析英汉宗教文化差异及其深层含义，只有这样才能译出合理、恰当的译文。

综上所述，由于英汉宗教文化的差异，在进行翻译时，译者需要具备一定的宗教意识以及注重分析宗教文化的深层内涵，避免将译者的文化观念带到译文中，给译语读者带来理解障碍。

（四）生态文化差异对翻译的影响

生态文化主要包括一个民族在气候、地形、地貌等方面所形成的文化。由于各个民族有着不同的生活环境，导致各个民族的生态文化也存在很大差异，各个民族、国家的生态文化具有很明显的地域性，尤其是表达同一种事物时由于受生态文化的影响，不同的语言中会用不同的语言形式进行表达。

例如，雪的气候条件在因纽特人的生活中有着至关重要的作用，因此在因纽特人的语言中出现了很多词汇来表示雪，如 gana（正在下的雪），aput（已经落在了地上的雪）等。然而对于一个斐济人而言，甚至没有一个词汇来表示雪的概念。这是因为斐济人常年生活在热带条件下，终年见不到雪，对雪没有任何的概念。可见，一个民族特有的文化背景和地理环境对该民族的语言文化有着非常大的影响，这一影响也适用于翻译。

三、文化差异下翻译的原则与策略

在中西文化差异下，翻译需要坚持一定的原则和运用一定的策略，而这些原则与策略可以为解决全球化背景下的实际翻译问题提供理论依据。下面就重点来分析和探讨一下文化差异下翻译的原则和策略。

（一）文化差异下翻译的原则

由于文化差异性的存在，在进行翻译时译者必须要遵循一定的原则。奈达在《语言·文化·翻译》这本书中提出，翻译中的文化因素应该受到更多的重视，他进一步发展了“功能对等”理论。当奈达将文化看作一个符号系统时，文化在翻译中就获得了与语言相当的地位。翻译不仅是语言的，更是文化的。因为翻译是随着文化之间的交流而产生和发展的，其任务就是把一种民族的文化传播到另一种民族文化中去（白靖宇，2010）。可见，翻译是两种文化之间交流的桥梁。

因此，一些学者对奈达的理论进行分析，从跨文化交际的角度总结出几条文化差异下的翻译原则，即平等原则、文化再现原则、风格再现原则、跨文化交际原则。

1．平等原则

文化的交流和传播是以互相平等、互相尊重作为前提的，在翻译的过程中，译者要忠实地展现源语的文化。如果对原语言进行随意篡改的话，不仅不利于沟通，而且在很大程度上会加大文化间的沟通障碍，这对生活在不同文化间的人群而言是莫大的困难。

2．文化再现原则

随着信息社会的发展，人们对翻译性质的认识也进一步发展，翻译成为两种文化交流的桥梁，简单来说翻译其实就是跨文化的传输。从翻译的性质和任务上来说，我们可以将翻译原则归纳为文化再现，而文化再现又包含以下两个层面。

首先，文化再现应该能够再现源语文化的特色。例如：

原文：巧媳妇做不出来没有米的粥。

译文 1：Even the cleverest housewife can not make bread without flour.

译文 2：Even the cleverest housewife can not cook a meal without rice.

译文 1 将“没有米的粥”翻译成了 make bread without flour，即没有面粉的面包，这样翻译主要是为了适应西方人的传统饮食习惯，西方人对大米并不熟悉，而主要以面包为主，因此这样翻译主要是为了方便西方人的理解和接受。但是译文 2 就直接再现了原文的意义，直接将“米”翻译成了 rice，这并没有损害原文的意义，因此这是符合整个作品的文化背景的，这就是再现原文的文化特色。

其次，文化再现还应该能够再现原语言的文化信息。这是由语言与文化相互依存的关系决定的，跨文化翻译既然是一种语言的转换，那么必定是不同文化信息的转换。因此，在翻译的时候需要理解原文所包含的文化信息，进而将其再现出来。例如：

原文：It was Friday and soon they'd go out and get drunk.

译文 1：星期五到了，他们马上出去喝得酩酊大醉。

译文 2：星期五发薪的日子到了，他们马上就会出去喝得酩酊大醉。

译文 1 很容易让人理解成：今天是星期五，明天大家休息，因此大家就会出去娱乐一下。但是这和整个文章的内容是不相符合的。事实上，星期五是因为发了薪金，因此大家喜欢出去挥霍一下，这样将 Friday 这个词语放在特定的语境下，它所承载的文化信息才能得到准确传递和理解。

从文化再现的两个方面可以看出，文化再现的翻译原则体现了翻译的任务和性质，译者应该时刻注意和牢记。跨文化翻译的真正归宿是通过语际的转换来再现原语言的文化内涵，实质是为了交流不同文化的信息。我们想一下，如果翻译仅仅是保证语言的忠实和通顺，并没有再现原文的文化信息，那么这样的翻译究竟可以给读者带来什么样的意义呢？

3．风格再现原则

文化翻译的过程中还需要遵循风格再现原则。通常而言，风格包含以下几个方面的内容。

（1）文体的风格，如诗歌、小说、法律、新闻、科技等不同的文体有着不同的风格，要求译者在进行文化翻译时做到文体风格再现。在风格的各个方面中，文体风格是最主要的。例如，在翻译法律条文时，不能将其严肃、庄重的语言翻译成口语色彩浓重的口语文体的白话。

（2）人物的语言风格，也就是见到什么人说什么话，这在文学作品中尤为显现。

（3）作家个人的写作风格，译文应尽量体现或简洁或华丽、或庄重或俏皮等原作者的风格。下面以《论学习》（*Of Studies*）为例。

Studies serve for delight, for ornament, and for ability. The chief use for delight, is in privateness and retiring; for ornament, is in discourse; and for ability, is in the judgement and disposition of business. For expert men can execute, and perhaps judge of particulars, one by one; but the general counsels and the plots and marshalling of affairs, come best from those that are learned.

（Francis Bacon: *Of Studies*）

读书足以怡情，足以傅彩，足以长才。其怡情也，最见于独处幽居之时；其傅彩也，最见于高谈阔论之中；其长才也，最见于处世判事之际。练达之士虽能分别处理细事或一一判别枝节，然纵观统筹、全局策划，则舍好学深思者莫属。（王佐良译）

原文中的思维严谨、文笔洗练，是一篇脍炙人口的传世佳作。而王佐良的译文也是相当完美，无论是从文字到风格，还是从形式到内容，都很好地再现并忠实了原文信息。译文与原文实现了水乳交融，可谓是一代经典。

4．跨文化交际原则

作为跨文化交际的一种活动，译者应该坚持跨文化交际的原则，在研究不同语言体系下的转换和功能对等的基础上来考虑文化因素，从而实现深层次的文化内涵和文化思想的传递。这主要从三个方面进行体现。

（1）重语言的文化内涵，突破语言的界限。人类丰富的社会内容使不同地域的文化千差万别。作为人类社会的产物，语言也展现出了多样性的特点。在译者学习语言的过程中，应该注重学习不同文化的内涵，通过对比其他民族语言的优势和特点来找到不同语言间的差距。译者不能只单单局限于自身的视角范围之内，而应该扩展自身的视野，从而搭建多元文化的桥梁。

（2）尊重文化多样性。每个民族的文化其实都是顺应其自身的环境、经过历史的变迁而逐渐积累起来的。因此，译者面对不同的环境，应该根据自身的目标来运用不同的解决方案，发挥出自身的优势，也展现出异国文化的特色。文化多样性是人类文化存在的基本形态，是不同文化间交流的源泉，因此应该予以尊重。

（3）培养跨文化交际素养。在突破语言界限以及尊重文化多样性的基础上，译者也应该深入地了解双方的文化，找到两种文化之间的连接点。同时，译者应能够处理语言转换过程中的偏误和缺失问题，结合不同文化的角度和视野，从而翻译出一个全面而又立体的文化风貌。

（二）文化差异下翻译的策略

在进行翻译的过程中，译者需要在遵循一定原则的基础上采用适当的策略进行翻译，这同样适用于文化翻译。归化策略和异化策略是英汉文化翻译的两种主要策略。二者之间是相互影响、相辅相成的。译者要根据具体语境，带着辩证的眼光灵活地运用这两种策略。 除此之外，还有归异互补策略，下面对其逐一进行详细分析。

1．归化策略

归化是指对源语的语言形式、文化传统和习惯的处理以目的语为归宿，换言之，用符合目的语文化传统和语言习惯的“最贴近自然对等”概念进行翻译，以实现功能对等或动态对等。

尤金·奈达是归化理论的代表。他指出，“翻译作品应是动态对等的，不仅表达形式而且文化都应符合目的语规范”（郭健中，2000）。他认为好的翻译无论是在遣词造句．还是在表现形式，或者是行文风格上，都应该置身于译文读者的文化领域，要尽可能地符合译文读者的阅读心理和习惯。

在翻译过程中，受文化差异的影响，很多译者经常会遇到各种翻译障碍，有些障碍对于译者来说甚至是难以逾越的。如果他们选择的策略失误必然会导致译文晦涩难懂，极大地影响读者的理解和接受的效果，因此译者需要采用归化翻译策略进行翻译。前面已经提到，归化策略是以译语文化为归宿的，它要求顺应译语读者的文化习惯，强调读者的接受效果，力求译文能被译语读者接受并确保通顺易懂。

归化策略的一般做法是抓住原文语用意义，从目的语中选取与原文语用意义相同的表达来翻译。也就是说，归化策略是将原文独具特征的东西采取“人乡随俗”的方法融化到目的语中的转换方法。 从语言形式上或者其形式上所负载的文化内涵来说，归化策略更倾向于目的语。总体而言，归化就是使语言更倾向于本土化。例如：

The cold, colorless men get on in this society, capturing one plum after another.

那些冷冰冰的、缺乏个性的人在社会上青云直上，摘取一个又一个的桃子。

原文中的plum指的是“李子”，在西方文化中，“李子”代表着“福气”“运气”，然而在汉语文化中，“李子”却没有这一层寓意。为了便于读者接受，译者将其换成汉语中同样具有表示“福气”“运气”的“桃子”，这样的译文会令汉语读者体会到原文所要表达的真实含义。

从上述例子中可发现，归化是从译入语的角度出发进行翻译的，这更为读者的阅读心理和习惯考虑，给读者以亲近感。

归化策略有其自身的优点，即它不留翻译痕迹。由于英汉语言在社会环境、风俗习惯等方面存在一定的差异，导致文化也有很大的不同。同一种事物在不同的文化中有着不同的形象意义，因此翻译时需要将这些形象转换为译语读者所熟悉的形象。尽管归化中的形象各异，但是有着相似或对应的喻意，这样的译文也能保持所描述事物固有的鲜明性，达到语义对等的效果。例如，as poor as a church mouse 译为“穷得如叫花子”而不是“穷得像教堂里的耗子”；to seek a hare in hen's nest 运用归化策略翻译成“缘木求鱼”，而不是“到鸡窝里寻兔”。

然而，归化翻译策略也存在着一定的缺陷，即它滤掉了原文的语言形式，只留下了原文的意思。这样一来我们有可能失去很多有文化价值的东西。如果每次遇到文化因素的翻译，译者都仅仅使用自己熟悉并习惯的表达方式，那么将会给译文读者带来一定的阅读障碍，导致译文读者无法了解源语文化中那些新鲜的、不同于自己文化的东西。长此以往，则不利于跨文化间的交流与沟通。例如：

It's as significant as a game of cricket.

这事如同板球比赛一样。

由于中国读者对板球这项运动不是很熟悉，很难了解板球的文化内涵，因此译者在翻译时，最好能够突出原文要表达的重要内容，从而译为“这件事很重要”，尽管这种译法简单易懂，但是造成了文化内涵的损失，令中国读者无法体会到其中的文化意蕴，更无法了解板球赛在西方文化中的重要性。

综上所述，在使用归化策略进行翻译时，需要充分地考虑目标读者、原文的性质、文化色彩等方面的因素。

2．异化策略

所谓异化策略，就是指译者在翻译的时候应该尽量向作者靠拢，不应该扰乱到作者，这样才能使读者更靠近作者，也更接近作者的思想，简单来说就是译文要保留作者所在国家的情调。

在全球化的大背景下，金惠康先生从话语权的扩大、译者的责任以及文化进化理论这三个层面来分析了异化策略。他认为当今的社会背景要求译者应该肩负起文化交流与传播的双重任务。译者不仅能够将西方的文化介绍到国内，也可以将本民族的文化传播出去。采用异化策略，能够帮助读者争取更多的话语权，这就是话语权的扩大。另外，译者应该认清自己的使命，认识到中西文化各自的特点，外来的文化是不可取代其内在文化的，这就是译者的责任。而对于文化理论而言，主要的目的就是各种文化的统一趋向性。因此，译者应该努力适应、努力容忍，最终达到努力接受。

其次，刘宓庆也认为文化翻译应该注重真实性，要求译者要以译语作为立足点来真实对待源语文化。

除了两位学者之外，对于异化策略极其看重的应该属于美国翻译家韦努提（Venuit），他认为目的文化不应该占据主导的地位，应该着重突出原文的意义。另外，他还提出了反对译文通顺的策略，因为他认为达到译文通顺就必然会改变原文的意义。

从上面几位学者的意见可以看出，异化策略是针对话语权这一意识形态而考虑的，但是这种观点显得过于极端，在实践的层面很难达到这一点。在实践层面上来说，归化策略也是不可少的。

异化翻译策略一般出现在存在文化差异的语境中，其特点就是鲁迅提出的“保留异国情调，就是所谓洋气”。在翻译中，译者传递给读者的源语文化信息越多，其译文就越忠实于原文。异化策略多用于下列语境。

（1）用于不同的历史文化背景中。译者在传译具有丰富历史文化色彩的信息时，要尽量保留原文的相关背景知识和民族特色。例如：

“It is true that the enemy won the battle, but theirs is but a Pvrrhie victory”, said the General.

将军说：“敌人确实赢得了战斗，但他们的胜利只是皮洛士的胜利，得不偿失。

译文中采用了异化策略，保存了原文的民族特色和文化背景知识，有效传递了原文信息，有利于文化交流。

（2）用于不同的宗教文化中。由于不同民族都有着各自的宗教信仰，宗教在各民族长时间的历史沉淀下保留了许多固定的关于宗教的词汇、句式，因此翻译时要尽可能反映出来。采用异化翻译策略是较好的选择。例如：

谋事在人，成事在天。

Man proposes, heaven disposes.

（3）用于不同的心理与思维方式中。中西方的心理与思维方式因社会的影响、文化的熏陶导致其存在一定的差异。对于这类翻译，译者应优先选择异化法。例如：

胆小如鼠 as timid as a mouse

脚踩两只船 straddle two boats

译文中，采用异化翻译策略有利于保留源语文化形象，有效地传达原文的信息，利于西方读者加深对中国文化的了解和理解，促进跨文化间的交流与沟通。

综上可发现，异化翻译策略具有以下几个优点：可以提高源语表达在译入语中的固定性和统一性，利于保持译语表达与源语表达在不同语境中的一致对应；异化翻译策略可以实现译语表达的简洁性、独立性，保持源语的比喻形象；运用异化策略进行翻译还有助于提高表达的语境适应性，提高译文的衔接程度，同时也有利于不同语言之间的词语趋同。

3．归异互补策略

上面已经介绍了归化策略和异化策略的相关知识，各有利弊，因此在有些翻译中可以选用归异互补策略。

作为翻译的两大主要翻译策略，归化和异化二者之间是对立统一的，都有其各自的适用范围，然而在很多语境中，仅仅使用归化或者异化无法传达出原文的真实内容，这时就需要采取归异互补策略。

归异互补策略的概念得到郭建中博士的支持，他曾指出，“翻译中的归化和异化不仅是不矛盾的，而且是相互补充的，文化移植需要多种方法和模式。”翻译过程中采取“归异互补”的策略，有利于中国文化的繁荣与传播。

在具体分析归异互补策略之前，首先分析归化策略和异化策略两个方面的极端。

（1）过分的归化。过分的归化，是指不顾源语的民族文化特征，不顾原文的语言形式，一味地追求译文的通顺和优美，甚至在译文中使用一些具有独特的译语文体色彩的表达手段，这就有可能会导致“文化误导”。例如：

Doe…a deer…a female deer. Ray…a drop of golden sun. Me…a name I call myself. Far…a long long way to run. Sew…a needle pulling thread. La…a note to follow sew. Tea…a drink with jam and bread. That will bring us back to doe.

朵，美丽的祖国花朵。来呀，大家都快来！密，你们来猜秘密。发，猜中我把奖发。索，大家用心思索。拉，快点猜莫拖拉。体，怎样练好身体，做茁壮成长的花朵。

上例是影片 *Sound of Music* 中的一首歌词。译文虽然也表现出一种活泼、轻松、诙谐的情调，但其内容与原文大相径庭，把原文修改得面目全非，这必然会失去翻译的意义。

（2）过分的异化。过分的异化，是指完全不顾及译入语的表达习惯及读者的需要，完全追求原文的形式，这就必然会造成文章晦涩难懂。例如：

What a comfort you are to your blessed mother, aren't you, my dear boy, over one of my shoulders, and I don't say which!

（Charles Dickens：*David Copperfield*）

译文1：你那位有福气的妈妈，养了你这样一个好儿子，是多大的开心丸儿。不过，你可要听明白了，我这个话里可有偏袒的意思，至于是往左偏还是往右偏，你自己琢磨去吧！

译文 2：你是你那幸福的母亲多么大的安慰，是不是，我亲爱的孩子，越过我的肩头之一，我且不说是哪一个肩头了！

上例中，译文 1 刻意追求对原文进行异化，虽然坚持了与原文的对应，但是对于汉语读者来说，读起来却让人不知所云。而译文 2 采用归化的翻译策略，将原文内在的含义清晰地翻译出来，可以轻松让汉语读者理解和把握。

（3）归异互补法。结合以上的论述可得知，好的翻译就是在两种翻译策略中寻找一个折中点。这就需要译者对原文内容进行仔细的研究，弄明白原文所要传达的信息，在对翻译目的、文本类型、作者的写作意图等层面进行分析的基础上，选择恰当的翻译策略进行翻译。例如：

I gave my youth to the sea and I came home and gave her（my wife） my old age.

我把青春献给了海洋，等我回到家中见到妻子的时候，已经是白发苍苍。

译文综合运用了归化策略和异化策略。其中，将 I gave my youth to the sea 译为“我把青春献给了海洋”，采用了归化翻译策略；而 I came home and gave her（my wife） my old age 译为“等我回到家中见到妻子的时候，已经是白发苍苍”，采用了异化翻译策略。如果仅仅采用归化或者异化其中一种策略，则无法清楚地传达原文的真实含义。

第三节 美学与翻译美学

与翻译这门学科相比较而言，美学的发展历史较短。虽然美学产生于古代，但真正成为一门学科是在 18 世纪中叶。纵观人类的翻译历史，我们可以发现其一直都受到了美学的影响。美学思想就如同一只无形的手指引着人们的翻译实践，人们在此过程中自觉或不自觉地履行着美学的一些原则。究其原因，应该是人类本身所具有的大致相同的审美价值和判断标准。为此，这里就重点探讨美学与翻译美学、翻译审美主体、翻译审美客体及翻译审美活动等内容。

美学与翻译之间关系密切。对于翻译理论而言，人们比较关注的主要是翻译的标准、方法，因而美学思想在其中的介入时间是最长的，范围也是最广的。下面就来探讨美学与翻译美学的主要内容。

一、美学

就“美”自身而言，是自然的一种造化和人类实践的产物，该词来源于希腊语 aesthesis。美学最初是作为认识论出现的，是一种主观意识与客观对象的统一，具有客观性、社会性。美学作为研究“美”的一门学科，首次出现是在1753年，是由德国哲学家、启蒙思想家、美学家鲍姆嘉登（Baumgarten）在他所发表的《关于诗的哲学默想录》一书中提出的。对于美学，他主要提出了两个观点：其一，美学就是研究人的感性认识的学科；其二，美学对象就是对人们感性认识的一种完善。虽然鲍姆嘉登是历史上第一个明确美学研究对象的学者，但他的看法并没有得到学术界其他人士的认可。自此之后，康德（Kant）、黑格尔（Hegel）等人进一步发展和完善了美学的理论形态体系。

学者们对于美学的研究对象存在不同的看法，如黑格尔认为美学的研究对象是艺术哲学等知识，而康德则认为美学的研究对象是人类的审美意识。中国对于美学的研究对象同样存在不同的意见，如孔子提出的“尽善尽美”，孟子提出“充实之谓美”，现代学者朱光潜则认为“美是主客观的统一”。简言之，学者们一直争论的焦点是美学研究的对象究竟是什么？而到目前为止，主要有三种看法。

（1）美自身就是美学研究的对象。美学研究的不是具体事物的美，而是所有事物共同具有的美，即所有事物美的根本原因。

（2）美学研究的对象是艺术哲学，这一看法受到大部分西方美学家的赞同。

（3）美学研究的对象主要是人们的审美经验、心理。这一看法的出现主要是因为 19 世纪西方心理学的普遍兴起，心理学家们提出从心理学的角度来研究、解释美的现象，并认为审美心理、经验应该是美学研究的中心。

上述三个看法都有一定的道理但也存在或多或少的缺陷，因而都没有成为学术界公认的观点。本书比较赞同第一种看法，这不仅符合美学自身的学科性质，而且美本身的存在才可以解释艺术或审美经验。因此，美学是以美的本质及其意义为研究主题的学科。该学科的基本任务首先是研究人们对于现实世界的审美态度、关系，其次研究各种美感体验、美学思想、审美对象、审美意识以及审美范畴等，发现美存在的本质及意义。作为哲学的一个分支，美学反映了人类的终极追求，并把这种追求融入诗意中，通过生动的形象来打动人的情感，这是与哲学明显不同的地方。

二、翻译美学

翻译是将两种语言进行转换的过程，这一过程中体现出译者的创造性，而一切创造性的东西都具有美的内涵和特征。如上所述，自然界、艺术领域、社会生活中但凡与美有关的事物都是美学的研究对象。世界上的社会美、自然美、艺术美、形式美、科技美以及美的反面——丑都属于美学审美形态的范畴。众所周知，语言是反映自然、社会、文化、思维的一种典型形式，语言的基本属性之一就是美，语言艺术上的美同样是美学的重要研究对象。翻译是关于语言的一门学科，其研究需要通过语言来进行，因此翻译与美学是通过语言紧密联系在一起的，这是一个客观现实。

翻译美学，即通过分析审美客体、审美主体以及二者之间的关系，然后采用再现手段传递审美客体各层次的美学信息。在翻译美学多维化标准的指引下，研究译者驾驭两种语言相互转换的能力以及美学信息的鉴赏能力，最终真实展现两种文化丰富的内涵和深厚的底蕴。具体而言，译者在对原作与译文进行审美判断时，可以依据美学的审美标准来划分，在美学原则的指引下分析原文与译文中的美学要素，尽量将原文中的美学要素移植到译文中。可见，翻译过程与原文、译文是紧密结合在一起的，是一个动态的艺术创造和艺术审美过程。下面就来了解西方的翻译美学与中国的翻译美学。

（一）西方的翻译美学

西方古典译论是西方翻译理论的源头，是在古希腊、罗马文化彼此交流的过程中逐渐出现的。当时古希腊、罗马两种文化受到政治强弱方面的影响而表现出不同的态势，这种态势影响着翻译倾向和译学思想的变化。例如，在古罗马征服希腊之前，罗马文化远远落后于希腊文化，因而罗马人对希腊文化十分敬仰，他们在翻译希腊著作时把原作奉为至宝，通过翻译希腊文化，罗马文化得到很大程度的滋养。正是由于对古希腊典籍的翻译，从而有效推动了西方古典译论的萌芽，而这一过程中翻译深受古典哲学美学的严重影响。

罗马著名的翻译家、译论家西塞罗（Cicero）的翻译理论被认为是西方翻译理论之始，他的翻译理念深受柏拉图美学观念的影响。对于古典美学观，柏拉图提出了四个要点。

（1）"美本身"的问题。这主要是指一切美的事物具有自身成为美的潜在品质。

（2）美的相对性和绝对性的关系问题。

（3）美的理念论。柏拉图认为理念是一种模态或元质，是绝对的、不容置疑的，是一切事物的原型所在。也就是说，"美本身"是绝对的，美的理念是永恒和绝对的。

（4）美的认识论。正是由于受到上述古典美学观点和泰特勒美学思想的影响，西塞罗提出了翻译的气势论、自然论，认为译者在翻译过程中应该像一名演说家，使用符合古罗马语言习惯的语言来翻译外来作品，从而吸引、打动读者，引起读者的情感共鸣。

罗马诗人贺拉斯（Horatius）所提出的翻译理论与西塞罗十分一致。他反对只注意原文而忽视译文的翻译观，坚持活译。在贺拉斯所写的《诗艺》一书中，他提出了"忠实原作的译者不会逐字死译"，而会采用"意对意"（sense for sense）的翻译原则，因为"逐字翻译"只顾字面上的忠实而不是"意义上的忠实"。翻译理论中"忠实"这一核心议题就是由贺拉斯提出来的。作为一名抒情诗人，贺拉斯还提出在翻译过程中遵循审美标准，从艺术的角度来探讨翻译，十分赞同斯多葛（Stoic）式的淡泊美和泰勒斯（Thales）提倡的自然美。

综上可知，西方古典译论自西塞罗和贺拉斯开始就与美学紧密相关，他们所提出的翻译论述也成为西方美学译论的曙光，对后世的翻译家们产生了十分巨大的影响，大大推动了拉丁文化在欧洲的普及。到了近现代，很多美学家积极参与翻译问题的讨论并提出了很多具有启发性的真知灼见。虽然没有充分的证据来说明当前盛行的翻译理论都与美学有关联，但认真探究就会发现每一个理论都会受到美学思潮或多或少的影响。可以说，现代翻译理论来源众多，美学就是其中的主要来源之一。正是译学和美学的紧密结合最终形成了翻译美学这门学科。

（二）中国的翻译美学

中国的翻译美学与西方一样源远流长，下面主要分析中国翻译美学的研究现状、理论特征以及未来发展。

1．中国翻译美学的研究现状

我国很多学者对翻译美学进行了深入研究和探索，下面就来看一些与翻译美学相关的著作。

（1）《实用翻译美学》。该书由傅仲选（1993）撰写，是我国第一次出现的研究翻译美学的专著，是我国翻译美学研究深化的重要标志。该书中主要分析了翻译中的审美客体、审美主体、审美活动，以及翻译审美的标准和翻译审美再现。中国现代的翻译美学深受西方美学思想的影响，而《实用翻译美学》正是中西方文化相互交流、碰撞和融合的结果。

（2）《翻译美学导论》。该书由刘宓庆（2012）撰写，其中主要探讨了翻译的运作机制，研究了翻译的艺术性、科学性，并论述了翻译审美客体与主体、审美心理结构、认知图式、审美再现的一般规律、翻译者的主观能动性等内容。

（3）《翻译美学》。该书由毛荣贵（2005）撰写，其中从朦胧篇、问美篇、主体篇、实践篇四个角度研究了翻译美学。

2．中国翻译美学的理论特征

中国翻译美学的理论特征表现在如下三个方面。

（1）继承和发展了传统译论。中国的翻译美学是在中国传统译论的基础上发展而来的，是翻译美学理论纲要不可或缺的组成部分。在传统译论中，意与象、神与形、意境、风格等被保留和提炼，被当代翻译美学的学者进行了更加科学化的阐发。当前学者关于翻译美学的著述中都对传统翻译译论进行了分析和梳理。例如，刘宓庆在形式系统和非形式系统中论述了形与神的问题，并在非形式系统中具体研究了意象、意境等问题。可见，当前的翻译美学并没有抛弃中国古典美学的精粹，古典美学仍然是当前翻译美学理论的来源之一。

（2）研究和论述方法从宏观到微观逐渐深化。与之前人们分析和论述翻译审美客体的概括方法相比而言，现在的翻译美学研究方法逐步向微观方向深化。例如，以往形容翻译审美客体时常会使用一些风骨、气势、神韵等比较模糊的表达手法，而现在则从字、词、句、篇、意境、意象等角度对翻译审美客体进行探究。傅仲选就对翻译审美客体的语言形式美和意美进行了细致分析，指出音位层、词层、句子层属于形式层面，而意义、实用意义、语言内部意义等则属于内容层。另外，在实用意义中还详细分析了语体色彩、感情色彩、语域色彩以及词的转义等内容。

（3）借鉴和运用西方翻译美学理论。当代西方翻译流派众多，我们可以将西方翻译美学的一些精粹引入到我国的翻译美学理论体系中。例如，接受美学理论重点研究读者、文本在整个接受活动中的地位和作用。根据接受美学的理论，读者自身所具有的理解能力、期待视野、审美能力等直接影响着翻译文本的理解、接受程度。换言之，翻译审美客体审美价值的实现需要以读者的理解为前提条件。这要求译者调整原文的写作风格和阅读视角，充分考虑到译者的主体性作用。

综上可知，中国当代翻译美学以中国古典译学思想为滋生土壤，借鉴和吸收西方翻译美学的相关理论，扩充和丰富自身的翻译美学理论体系。在一定程度上可以认为，当前中国的翻译美学理论框架已经形成，研究方法和论证方法也体现出科学性的特征。但须承认的是，中国的翻译美学研究还不是很成熟，研究范围不够宽泛，研究视角也不够新颖。学者李洁分析了我国翻译美学研究的不足之处，如下所述。

（1）翻译审美主体对翻译审美客体中的美学形式进行还原时多集中在显性的、客观性的美学信息上。这说明译者缺乏使用目的语表达相同美学效果的语言手段。此外，在评述译文中再现的美学信息时缺乏互文性，比较主观。

（2）对审美客体深层次的美，即意美再现的研究不足。中国古典文艺美学的核心就是意境，是翻译过程中最大的难题。如何将原文中所表达的意境成功移植到译文中，使译文读者读后能产生相同的感动、丰富的联想，从而得到美的享受，这是翻译美学研究中不可回避的重要课题。对于我国的翻译美学研究而言，汉译英过程中意境的传递研究尤其不足。

（3）当前翻译美学过多地关注翻译审美主体即译者的审美能力、心理等内容，毋庸置疑这是翻译美学理论的一种发展。对审美主体心理特征的研究反映了美学的特点，即研究人的感受和审美心理。然而，对这一问题讨论过多就会令人产生玄虚感，对翻译实践的指导性不强。

（4）目前的翻译美学关注最多的还是审美主体和审美客体之间的关系，对读者这一要素的研究不足。显而易见，审美是由人来完成的，读者所处的社会、文化、环境、时代等不同，会令读者产生不同的审美习惯和要求，而这会影响审美客体即译文审美价值的实现。因此，我们在分析审美主客体的同时也要重视人在翻译过程中的能动作用。

3．中国翻译美学的发展

相关学者认为中国翻译美学的未来发展需要注意以下问题。

（1）倡导中西结合的译学发展途径。首先，当代翻译研究和翻译美学研究的重要课题之一是传统译论向现代译学理论的转换问题。中国美学自古有之，至今已经积累了丰富的遗产，诸多先贤们致力于美学学科的完善和理论的建构，因此我们需要对传统翻译美学中一些具有价值的观点进行提炼和阐发，从而丰富现代翻译美学的理论体系。其次，西方翻译流派五花八门、层出不穷，如语言学派、描写学派、文艺学派、综合学派、文化学派、多元系统学派、解构主义学派、后殖民主义学派等，对这些理论学派的研究都可以对我们的翻译美学带来启示和帮助，我们应该借鉴、吸收这些流派中的积极理论内容，去粗取精、去伪存真，从而扩展、深化我们的翻译美学研究。

（2）倡导宏观和微观相结合的翻译美学研究模式。翻译美学的宏观研究主要是指对翻译语用美学、文化转换美学、翻译篇章美学等方面的关注，从整体上来探讨翻译美学的研究内容，从而充实和提高翻译美学的研究水平。翻译美学的微观研究主要指的是针对各类文体进行研究，因为不同文体的体裁不同，审美构成、审美标准以及审美再现的手段自然都不同，我们需要从不同层次和角度来研究微观方面的翻译对象，在此基础上提出具体的微观方面的翻译标准，如科技文体的翻译美学标准、文学文体的翻译美学标准等，以切实指导翻译实践。

第四节 翻译审美研究

一、翻译审美主体

对于翻译而言，其审美主体有两个方面，即译者和读者。而在具体的翻译实践过程中，审美主体主要是指译者，因为译者是再现原文审美价值的能动因素。一篇译作如何实现美的价值，这不仅与原文这一审美客体的审美构成有直接关系，而且还受到审美主体即译者自身审美功能的影响。只有审美主体与审美客体相互统一、相互作用，翻译才能实现最终的审美效果，才能得到一篇优美的译文。也就是说，翻译审美客体的再现必须要以翻译审美主体的审美功能为基本前提。下面就来分析翻译审美主体即译者自身的几点属性。

（一）制约性

译者进行翻译与作家进行创作完全不同，他在翻译过程中受制于原文，即审美客体。我国著名学者刘宓庆认为译者在翻译时通常会受到以下几个因素的制约。

首先，原文自身形式美是否可译的限制。例如，中国格律诗中的形式美“字数相等、语义相对、音律和谐”翻译成英语后就会丧失，对此译者只能采取其他方式或手段进行补偿翻译。

其次，原文自身非形式美是否可译的限制。所谓非形式美，指的是那些不能从直观上感受的、模糊的美，如艺术作品的气度美、气质美等。非形式美虽然来自于语言的外像，但其是艺术家自身意志在艺术作品里的升华和熔炼，产生于欣赏者和艺术家的视野融合之处，这种美同样会制约译者的翻译。

再次，原文与译文之间存在的文化差异限制着译者的翻译。文化是审美价值的体现，民族性和历史继承性是审美价值的典型特征。原文的审美价值在源语读者心中所产生的心理感应是无法转换到译语读者心中去的。

最后，原文与译文的语言差异限制着译者的翻译。例如，词汇方面的差异是英语词义灵活、语义范围大，但汉语完全相反；语法方面的差异是英语主谓语形态十分明显，但汉语则不同；表达方面的差异是英语被动语态多，但汉语很少使用被动语态；思维方面的是英语重形合而汉语重意合等。此外，不同历史时期的人们鉴赏历史的眼光、视野、标准是不同的，也就是说艺术鉴赏具有时空差的特点，这同样会限制译者的翻译。

（二）主观能动性

如上所述，译者在翻译时虽然受到了相关因素的制约，但其自身仍具有主观能动性。翻译不只是简单的语言转换过程，其中还包括译者对原文的认识、解读、鉴赏，并将原文中所传达的美移植到译文中，而这离不开译者对美的创造。因为译者不是被动接收译文的美，而是能动地进行美学信息的加工，从而达到再现美学信息的目的。简言之，译者不仅是审美主体，同样是创造美的主体。以文学作品的翻译为例，译者在翻译文学著作时必须将自己融入原文，首先把握原文的美学信息，然后了解译文读者审美情趣，在清楚原作审美情趣与译文读者审美情趣差异的基础上，能动地减少二者之间的文化、审美差距，将自身所体验到的美学信息合理地转换、融入译文中，从而让译文读者同样可以产生相同或相似的心理感受，欣赏到同样的艺术效果或审美价值。具体而言，译者在翻译过程中的主观能动性体现在如下方面。

（1）在翻译过程中充分发挥审美能力。

（2）平衡原文与译文中的语言、文化、社会、交际、心理等各方面的差距，顺应翻译的语境，尽力表现自己的顺应能力。

（3）积极能动地进行原文与译文在多维方面的优化和选择。

（4）注重源语与译语、译者与读者之间的关系。

（5）尽力发挥文化顺应的功能，准确把握文化意义，使读者可以很好地接受，从而进行合理的审美判断。

（6）审美主体、审美客体、读者可以取得认知、价值、审美等方面的对等关系，获得最好的审美效果，达到再现审美价值的目的。

可见，上述审美过程就是译者主观能动性的最好体现。

（三）审美条件

这里的审美条件主要指的是译者自身所具有的审美感受、审美体验、审美趣味等方面，这些因素决定着译者能否被原作中的美学信息所吸引，从而顺利进入审美角色进行能动的审美活动。译者的审美标准受到自身文化背景、所处时代、阶级层级、地域特点等方面的影响，对作品中的美学信息会产生不同的审美感受力。此外，译者的审美能力、审美修养、审美情趣会对译文的美学信息产生重要影响，这决定着译者是否能够将原作中的美学信息顺利移植到译作中去。之所以一部著作会有很多种不同的译文，就是因为不同的译者具有不同的美感层次，自然形成了不同的审美差异，这就是“一千人中就有一千个哈姆雷特”的原因所在。

不过，虽然不同译者具有不同的审美能力，但人类的审美标准存在着共性，这为美学的翻译提供了理论上的可能。译者想要再现原作中的美学信息，除了需要考虑读者的能动作用和审美习惯，更重要的是充分挖掘原作即审美客体中的社会价值、美学功能。为此，译者作为审美主体必须具备审美感受力、审美理解力、审美体验、审美情感、审美想象力、审美心境等丰富的审美经验，这样才能在翻译审美活动中相互作用，找出作品中的美学价值、社会价值并顺利移植到译作中。

相关学者认为，一个成功的译者需要具备以下审美条件。

（1）审美主体的“情”。这指的是译者的感情，是译者能否获取原文美学信息的关键条件。

（2）审美主体的“知”。这指的是译者对原作的审美判断，由译者自身的见识、洞察力等来决定。

（3）审美主体的“才”。这指的是译者的能力、才能，如分析语言的能力、鉴赏艺术作品的能力、表达语言和运用修辞的能力等。

（4）审美主体的“志”。这主要是指译者钻研翻译的毅力。

对于上述四个审美条件，“情”和“知”主要在于对原文美感的判断，“才”和“志”则影响译者能否将原作中的美感再次显现于译作中。

翻译本身是一门艺术性、技术性比较强的学科，译者想要处理好原文中碰到的种种问题和难题，自身必须具有相当高的知识和较强的翻译能力。在翻译实践中，对原作进行结构和重组离不开译者的语言分析能力、表达能力和审美判断能力。尤其是文学作品的翻译，译者更应该在译作中表现出语言美，如此才能真正传达原作中的美学信息。对于文学而言，语言就是其生命，文学的艺术世界就是由语言来构筑的。译者需要将原作中的语言进行解读、品味，然后再将其糅合成自己的译语语言。译语的合理使用要以美感为前提条件，只有译语表现出同源语一样的活力和张力，才能使译语读者获得同样的心理情感、美感等体验。

（四）读者的能动作用

如前所述，读者也是翻译审美主体之一。读者在阅读译文的过程中具有自身的能动作用，主要表现在以下三个方面。

（1）读者既有的审美标准、意识等影响着他对译文内容、形式等方面的取舍，决定了他阅读译作的重点，更影响着他对译作的态度与评价。读者对译文的审美取向则影响着译者在题材、体裁方面的选择。

（2）读者对译作能动的评价。在阅读译作时，读者通常会根据自己的审美知识、体验、感受等来理解译文的美学信息，用自身所处时代的标准来鉴赏、判断和评价译作。在这一过程中，读者的行为是一种创造性劳动，体现着读者的价值观念、主观倾向、文化素养，因此不存在绝对客观的翻译作品鉴赏。

（3）读者的审美观念、标准等会受到译作的影响而不断进行改变，这同样是读者能动作用的表现。因为读者通过阅读译作，逐渐会对译文所表现出的美学价值、文化信息进行有效理解和接受，进行了文化方面的积极交流。在这一过程中，读者的视野会因为大量接受异域事物而得到扩展，同样他的审美经验也会得到丰富，有效提高了接受能力，最终改变他的整个审美观念。而读者审美需要的改变又会影响译作的出版和传播。

二、翻译审美客体

翻译审美客体即原文和译文，二者主要是通过审美主体来起作用的。下面主要来分析翻译审美客体的属性和审美构成。

（一）审美客体的属性

所谓审美客体，通常指的是能够引起人类审美感受的事物，可以与人类构成一定的审美关系。因此，审美客体具有一定的审美特征，能够被人类的审美感官所感知，然后引起一定的审美感受。据此可知，并不是所有的翻译原文都可以成为审美客体，一篇原文只有具有一定的审美价值才能被认为是审美客体，从而满足审美主体某方面的审美需要。文艺作品具有审美价值这是众所周知的，不过说明书、科技类文章与文艺作品不同，这类文章虽然表面上看没有美学信息，但仍具有一定的审美价值，这主要表现在功能方面，因而也属于审美的范畴。

对于翻译审美客体而言，具体是指原文和译文。原文是作者根据现实中的素材再经过自己的再创造所组织起来的语言，这些语篇想要得到读者的认可和欣赏，必须具有语义上的传达功能，更要具有审美上的价值功能。译文不是原文的简单复制，是译者在原文的基础上发挥主观能动性并进行再创造所得出的产物，表达着原文的美学信息和译者的思想活动。

（二）审美客体的审美构成

审美客体的审美构成包括两个方面：语言形式美和意美。

（1）语言形式美。显而易见，这方面主要是指语音、语言表现手段、方法等形式上的美学信息，是一种可以看得见的、以物质形式存在的形态美，如音美、形美。语言形式的美通常可通过人的听觉、视觉等来体现，因为这些美是直观可见、可感的，如文学作品中的文字与声韵组合而成的形音美、形与音义组合而成的音律美，还包括典型的修辞手法如对偶、排比、倒装等，因为这些都是物象的外在描写。

（2）意美。这种美学信息是无形的、非物质的、非自然感性的，人们不能凭直觉进行推断，如情感、意境、意象、神韵等方面的美。意美在语言的结构形态上如词语、句子、段落、篇章等方面是表现不出来的，但是我们却从总体上可以感知到这种美。相关学者提出，意美的特性包括非定量的、不以数计的；难以捉摸的、不稳定的、模糊的；不可分割的某种集合体。因此，在美学上意美被称为“非定量模糊集合广义的审美客体”。可见，意美是一种蕴含在整体形式中的美，是一种宏观上的美，常常与深邃的意义相融合。

综上可知，语言形式美和意美都是构成审美客体的要素，二者的区别在于语言形式美是形式上的美，是外在的、感性的，而意美是核心内容，是一篇作品有力的表现武器，是意念、理智的表达，是必不可少的。译者只有在把握语言形式美的基础上体会到作品的意美，才能进行更好的翻译。一篇优秀的译作来之不易，译者需要将原文中的“两美”进行移植：形式美（音美、词美）和内容美（情感、意境、神韵），尤其是后者具有高度模糊性，是一种高层次的审美，需要译者充分发挥主观能动性才能有效捕捉。

三、翻译审美活动

翻译美学相关理论中提出，翻译实践就是审美主体在具备一定程度的审美意识、文化修养、审美经验这些审美条件的基础上，对审美客体进行充分认识、理解、转化以及对转化结果进行审美加工的过程。在此过程中，译者充分把握审美客体中的审美要素，将自己所体验出的美感通过另外一种语言表达出来。英国著名学者彼得•纽马克（Peter Newmark）认为翻译包括两个步骤：首先是理解，即对原文审美构成的分析；然后是表达，其中包括转化、加工和再现。下面就对这两个步骤展开详细分析。

（一）认识

认识是翻译的第一步，是进行表达的前提和基础。只有对原文中的美首先进行认识和理解，才能在接下来的表达中传神达意。语言是人类智慧的结晶，与文化密切相关，语言体系反映着文化，因而语言所组成的篇章中必然会反映着某种美的要素。译者想要成功地传递美学思想，就必须对原文中所附载的文化信息有充分、透彻的认识。具体而言，译者在认识审美客体中的美学信息时通常会经过三个阶段：直观感受、想象、理解。

（1）直观感受。这一阶段主要是译者通过采取一些直观手段如分析、推理、判断等来捕捉审美客体中形式方面的美学信息，即原文语言结构方面的美，如语音、词汇、语义、修辞、文体等层面。这是外在世界对译者的刺激所带来的审美态度萌芽，是“刺激—反应”的结果。

（2）想象。这一阶段主要是译者通过对审美客体的气质、意境、神韵、风格等美学信息的想象，发挥主观能动性，充分利用自身的感悟能力来把握原文中的言外之意，即思想、艺术。美学信息得以传递的重要环节就是想象，其中需要译者具有很强的主观能动性。

（3）理解。这一阶段需要译者对审美客体中有关文化、社会、环境的共时与历时进行认真分析，把握原作中的社会文化信息。简言之，译者需要对原文进行整体考虑，用心领悟，然后将自己的审美经验与主观能动性相结合，充分挖掘原作中隐含的、内在的美学信息。正如刘宓庆指出的："理解是对审美信息整体深层意义的揭示和多向度的总体把握。"

（二）转化

转化不仅在语言结构方面是至关重要的环节，而且与语际结构转化相伴随，也是审美信息向再现发展中的关键一环，它的基本机制是移情感受：主体必应孜孜于移客体之情于己，移客体之志于己，移客体之美于己，使达至物我同一。也就是调动译者全部积累，克服原作的创作时代、原作者的生活地域、民族文化、心理素质等时空因素与译者之间的差距，努力再现理解的美感。

（三）加工

顾名思义，加工就是译者将自己在认识阶段中所获得的各种各样的审美信息、审美感受进行处理，如由表及里、由此及彼、去粗取精、去伪存真等方面的精心改造。译者对审美客体的加工包括两个方面。

（1）语言形式美方面的加工。这方面的加工依赖的是译者的语言基础知识和审美判断能力。

（2）意美信息的加工。这方面主要依靠译者的才识。

总之，加工就是译者对原作文字进行加工，优选语法和修辞，找出最能表达原作内涵的字词、语句，传达出原文中所蕴含的美学信息。

（四）再现

再现是翻译审美活动的最后一个环节，是译者再现自己的加工结果。翻译再现的本质就是将内在理解转化为外在的直观表现形式，也就是为原文找到对应的、最佳的译语表现形式。换言之，再现就是译者将自己通过认识、转化、加工的心理所得用目的语即译文表述出来。再现审美客体美学信息的手法基本上有两种：模仿和重建。

（1）模仿。所谓模仿，即加入译者主观想象的不完全摹仿。

这是翻译审美再现过程中必不可少的一种手段，如果是不失神采的模仿，就可以收到预期的审美效果。相关学者将模仿分为三种。

其一，以源语为依据的摹仿。这种模仿即根据源语审美信息和结构进行复制，从而得出译语方面的美学信息。

其二，以译语为依据的摹仿。这种模仿即将译语的语言特征、表现结构、社会接受度等为依据，将不符合译语语言规则的源语内容进行调整，从而在译语中进行有效表达。

其三，动态摹仿。这种模仿又叫“优选模仿”，也就是说将源语与译语进行比较，如果以源语为依据就将源语作为模仿对象，如果以译语作为模仿对象更佳，则根据译语进行模仿。

（2）重建。这是一种更高层次的再现手段，与创作手法类似。该手法的优势是能够完全脱离源语形式方面的束缚，译者可以根据目的语的要求来安排体式，即“彻底译语化”，或将其称为“编译”。对于这种手法而言，需要以审美客体为参照，尽量保证形式和内容方面的完整统一，不过更要体现译者的审美理念，将译者的审美态度贯彻其中，从而保证原文中的美感再现于译文中。简言之，译者在使用重建手段时需要持有一个积极的态度。

事实上，审美主体对审美客体的理解不是一蹴而就的，表达也不仅限于上述三个阶段，译者的翻译审美活动是一个复杂的、反复的动态过程。

第五章 英语翻译与修辞、文体

第一节 修辞和文体

一、修辞概述

修辞是研究语言的艺术。修辞蕴含在人类的一切传播活动中，组织和规范着人类思想、行为的各个方面。新修辞学甚至认为，人类的一切语言活动都是修辞性的。翻译也不例外。翻译的主要目标在于传递原文信息，起到传情达意的效果，这一效果的实现与修辞的运用是密不可分的。因此，在进行翻译时，译者应根据语境，从不同的角度对语言进行加工与锤炼，从而再现原文的表现力和感染力。下面就对翻译与修辞进行研究，先来介绍修辞的内涵，然后重点分析主要修辞格的翻译。

与汉语“修辞”一词相对应的英语单词是 thetoric，thetoric（修辞）源于希腊语，意为 art of oratory（演讲术、雄辩术）。尽管英语修辞诞生于古希腊，并且曾有很多学者包括哲学家、语言学家、修辞学家等对其进行研究，但是时至今日，人们对于修辞的内涵仍然没有形成统一的意见。本节将借助修辞的定义与特点两个层面来探讨修辞的内涵。

（一）修辞的定义

关于修辞的定义，中西方对其有过很多界定与阐释。下面分别予以介绍。

1. 中国关于修辞的定义

我国诸多学者对修辞进行了研究，并从不同角度对“修辞”一词进行界定。下面就来介绍一些主要观点。

张弓（1963）在《现代汉语修辞学》一书中提出，“修辞是为了有效地表达意旨、交流思想而适应现实语境，利用民族语言各因素以美化语言。”

我国著名的修辞学家、语言学家陈望道先生在《修辞学发凡》（1979）一书中提出，“修辞不过是调整语辞，使达意传情能够适切的一种努力。”

杨鸿儒在《当代中国修辞学》（1997）中，在整合陈望道、张弓观点的基础上，提出了自己对修辞定义的看法，即修辞是“通过对语言材料的选择、调整、修饰，使语言美化，更好地交流思想，表情达意”。

郝树满认为，人们在社会上用语言进行交际的时候，语言是形式，思想是内容，人们在表达一个内容时可以有不同的表达形式。在特定的语言环境下，人们为了取得更好的表达效果，应选取最佳的形式，这个语言运用中的选择、提炼、加工、调整，就是修辞。郝树满认为，把其他事情放到一边，修辞概括为一句话就是：为了求得最佳的表达效果而对语言材料进行选择和加工，叫作“修辞”。

2. 西方关于修辞的定义

英语修辞学诞生于古希腊，英语单词 thetoric（修辞）源于希腊语，意为 art of oratory（演讲术、雄辩术）。

西方修辞学最早出现在公元前 5 世纪下半叶的西西里岛，修辞学产生之时是用于辩论演说的艺术。修辞学出现以后，很多学者包括哲学家、语言学家、修辞学家都对其进行了研究。例如，科拉克斯（Corax）最先总结了演讲修辞，其总结对后世的演讲修辞学研究产生了持久的影响；高尔吉亚（Gorgias）、伊索克拉底（Isocrates）以及亚里士多德（Aristotle）等继承和发展了科拉克斯创立的修辞学，并最终形成了希腊古典修辞学体系。亚里士多德认为，修辞“是一种发现存在于每一种可行事例中说服方式的能力”。尽管亚里士多德对修辞的定义由于受到时代发展背景的影响而具有一定的局限性，但是其定义对当时修辞学的发展具有不可忽视的影响。

此后，又有众多的学者在此基础上对修辞进行了研究。由于各学者从不同角度对修辞进行界定，时至今日，人们对于修辞的定义仍然没有形成统一的意见。下面就来介绍一些主要的观点。

布莱恩特（D. C. Bryant）在 *Rhetoric*：*Its Function and Scope* 一书中提出，“Rhetoric is the theory of informative and persuasive discourse. ”可见，布莱恩特对修辞的定义侧重于其教育性与劝说性。

马丁 • 斯坦曼恩（Martin Steinmann）则在 *New Rhetoric* 一书中提出，“What thetoric concerns is how to make an effective choice between two synonymous expressions. ”

理查兹（I. A. Richards）在著作 *The Philosophy of Rhetoric* 中提出“Rhetoric should study the misunderstanding in human communication and find a solution to it. ”

此外，下面两部词典中也提供了修辞的定义。

The World Book Dictionary（《世界图书词典》）将修辞定义为“The art of using words in speaking or writing so as to persuade or influence others. ”可见，此

定义认为修辞既体现在书面语，又体现在口语，且这一定义侧重于说服或影响他人。

Random House Webster's College Dictionary （《兰登书屋韦氏大学词典》）则将修辞定义为“The art of effectively using language in speech or writing, including the use of figures of speech.”可见，该定义也认为修辞包括书面语和口语，而且提出了修辞格的使用。

由上述中西方对修辞的界定可知，关于修辞的定义五花八门。但是，这些定义都道出了修辞的实质，即修辞是一种利用语言的艺术，修辞可以使感情和思想更加充分、透彻、鲜明地表现出来。

（二）修辞的特点

修辞是使用者以语言文字为中介，满足人们社会交际需要的一种言语行为。这就使修辞既是一种有规律可循的语言应用行为，同时又是一种具有浓厚的民族属性以及使用者个人特点的人文现象。因此，修辞具有非常鲜明的特点，主要包括社会性、民族性和应用性。

1. 社会性

20 世纪美国一些当代修辞学家认为，修辞与社会息息相关，修辞不仅是“人类运用符号相互交际的独特能力”，而且是“一种用以协调社会行为的交际活动”。社会因素对修辞的起因与发展有着基本的、决定性的作用。

公元前 5 世纪后，随着希腊、罗马民主政体的建立，希腊、罗马政治、经济、文化的发展进入了鼎盛时期。民主促使人们的思想变得活跃，不管是政治性的演说，还是法庭的论辩，或者是各种庆典中的颂词，都可以影响公众情绪，并促使人们采取行动，这使语言交际成为人们日常生活中更为迫切的需要。因此，修辞成为社会的迫切需要。

随着现代传播媒体的出现，传统的语言交际模式产生了变化，但是，修辞仍然是人们生活中必不可少的部分，修辞实践活动仍然存在于人们每一天的社会生活中。

作为社会中的人，我们的社会生活是离不开修辞的。因为我们需要与他人交流，而与他人交流就需要修辞。修辞在现代社会中尤其重要。在现代社会，随着科技、交通、运输等领域的快速发展，经济全球化趋势加强，不同国家、不同民族、不同文化之间的交流越来越频繁。同时，社会各行各业以及各种社会群体的交际需要也增加了人们对修辞的需求。此外，随着社会的发展，求职、推销等各项公私事务活动的增加，人们面临的修辞情景和修辞过程也多种多样。有学者提出，“修辞对于社会中的人来说，就像呼吸一样自然和必要。” 社会是一个大集体，人们要传递信息、交流情感、进行社会互动与合作，都需要通过话语来实现。因此，从某种程度上说，每个人都是修辞家。修辞已经成为一种必不可少的社会行为。

2. 民族性

修辞的民族性是指修辞作为一种社会交际行为，更多地侵染着与适用民族相对应的浓厚的文化关联。无论是交际观念的选择，还是具体的修辞方式的构成与表达，都折射着一个民族的文化心理以及审美观念。从微观方面看，修辞手段的使用、选择也凝结着民族文化色彩。修辞的民族性特点具体体现为以下几个方面。

（1）修辞方式与民族伦理有关。例如，我国传统的压抑自我的生活准则，导致我国人民在公文报告中、书信中选择使用尊卑表述，在面对别人的表扬时选择自抑性反应。

（2）修辞方式与民族心理不可介割。修辞方式在一定程度上受民族心理的影响与制约。人们的深层意识可以透过人们所使用的修辞方式折射出来。例如，在我国，无论是在书面语中，还是在口语中，人们都喜欢使用“花”“草”“玉”等事物来描写女性的美貌、肤色等，而使用“竹”“梅”“松”等来描写人品以及追求。

（3）修辞活动与民族语言文字符号密切相关。语言文字是任何一个民族实现修辞行为的手段。但是，在将语言文字符号作为工具使用时，不仅可以实现其工具功能，而且能够把它作为材料，对某种修辞方式或修辞手段的形成起到直接影响或参与的作用。

（4）修辞方式与民族生活密切相关。在我国，最常见的问候语就是“（你）吃过了吗？”，这一问候语实际上是过去对普通老百姓的生存状态在言语表达形式上的定格。我国几千年来一直处于农业社会，农业生活对言语行为方式的选择有很大的影响。例如，用“老牛拉破车”这一俗语来表示行动慢，就是农业社会在言语行为方式上的反映，而英语则更习惯用 snail（蜗牛）来做喻体。

3. 应用性

修辞是一种运用语言文字符号来传达思想内容和表述感情态度的社会交际行为。因此，应用性是修辞的基本特点。具体而言，可从以下几个方面来理解修辞的应用性。

（1）修辞是对语言的运用，是一种社会交际行为。当人们掌握了语言符号后，就能够恰当地使用它们，以实现自己的表达目的，准确、得体地表达自己的思想感情、情感倾向，使对方能够有效地接受自己，从而获得最佳的表达效果。由此可见，修辞实际上是语言实践活动，具有应用性的特点。

（2）修辞手段具有明显的应用性特点。修辞方式、话语手段产生于语言文字符号、对语言符号的运用以及语言实践，并且活跃于交际活动中。实际上，任何一种修辞形式、修辞手段，只有在具体的应用行为中才能够得到实现与解释。即使是可以归纳出抽象格式的修辞手段，也只能在实际应用中才能体现其实际价值。例如，人们可以概括出“本体＋喻词＋喻体（＋相似点）”这一个格式，但是仍然要依赖具体的描写对象及语境，甚至是表达者的语言能力、思维能力，才能使“本体”和“喻体”实现实际、巧妙的连接。

（3）评价修辞效果必须结合具体的应用语境。要评价一个修辞活动的最终效果，必须而且只能结合具体的言语行为过程才能够得到恰当的解释以及准确的认识，而不是就事论事。

二、文体概述

“文体”在文学批评中又被称为“风格”，文体是独立成篇的一种文本体裁，是一种独特的文化现象，有着十分丰富的内涵和形式。不同文体具有不同的特点与功能，翻译时既要忠于原文的字面含义，还应再现原文风格，实现原文功能。

这里就对翻译与文体展开探究，首先介绍文体的基础知识，然后分析各类文体的翻译。了解文体的概念与类型是文体研究中两个重要的问题，同时也是进行文体翻译的基础。下面就重点探讨文体的定义与分类。

（一）文体的定义

关于文体的定义，中外学者都对此进行过研究。下面就给出一些具有代表性的中外学者的观点，以便读者更好地理解和认识文体的概念。

我国古代著名文学评论家刘勰在《文心雕龙》中将文体分为了八种：“若总其归途，则数穷八体：一曰典雅，二曰远奥，三曰精约，四曰显附，五曰繁缛，六曰壮丽，七曰新奇，八曰轻靡”，同时指出，“辞尚体要，弗惟好异，盖防文滥也”。也就是说，一篇好的文章不能只是猎奇或文辞华丽，而应该重点突出、详略得当。

《辞海》对“文体”的解释包括以下两层含义：文章的风格，钟嵘《诗品》卷中（陶潜诗）“文体省静，殆无长语”；也称为“语体”，为适应不同的交际需要而形成的语文体式，一般分为公文文体、政体文体、科学文体、文艺文体等。

《古代散文百科大辞典》对“文体”也作了两层解释：指文章的风格体制；指文章的表达方式及规格程式。

《西方文体学辞典》则对文体风格作了这样的描述：文体风格是指口头或书面的表达方式……有的人风格华美，还有的人风格滑稽。

英语中的 style（文体）一词源于 stylus，该词原本是指一种可在拉板上写字的尖头铁笔，后来其词义逐渐扩大，现在指作家的语言风格或某种体裁的语言风格。

英国作家斯威夫特（Jonathan Swift）认为，文体风格就是将恰当的词语用在恰当的地方。

艾布拉姆斯（Abrams）认为，文体风格是文学体裁的表达方式，与发话人如何表达自己的思想有关。

卡顿（Caton）与艾布拉姆斯的观点基本一致，也认为文体风格是文学中特殊的表达方式，是作家独有的表达风格。另外他还指出，文体分析的对象包括作家的词语选择、话语形式、修辞等表现手法以及段落形式等方面。

综合上述对文体定义的研究可知，文体应该是文学作品的体制、体式、语体和风格的总和，是一个时代的社会历史和文化精神的凝聚。它通过选择具有区别性的词语、话语、修辞和文本结构，发挥文体功能，实现写作目的。

此外，文体有狭义和广义之分。广义的文体指的是商务、科技、法律、新闻、广告、文学等各领域的文本风格。狭义的文体仅指文学文体。无论是广义文体还是狭义文体，都可以被不断细分。例如，在口语体中，口头演讲和日常的口头交际在语音节奏、词句选用、修辞手法等都有着明显的不同；书面语中，文学语、专门语和普通语之间也有着极大的不同。

（二）文体的分类

文体丰富多样，要对其进行科学合理的分类并不容易。这里就来介绍国内外一些著名学者对文体分类的观点。

侯维瑞（1996）将英语文体分为五大类：文学文体、广告文体、科技文体、法律文体和新闻文体。

秦秀白（2002）首先将英语文体分为实用文体和文学文体两大类，然后又将实用文体分为广告文体、科技文体和新闻文体。

刘宓庆（2003）对文体的分类较为不同，他将文体分为叙述文体、描述文体、论述文体、应用文体、公文文体、新闻报刊文体。

李长栓（2004）对文体的分类较为简单，即文学文体与非文学文体。

普希亚莱丽（Elsa Tabernig Pucciarelli）将文本分为三类：科技文本、哲学文本（人文社会等科目）和文学文本。

费道罗夫（Fedorov）也将文体分为三类，即新闻、文件和专门科学著作，政论文体以及文艺作品。

布朗各（Peter Brang）以费道罗夫研究为基础，也将文本分为三种：新闻、评论、商业和政府文件、科学；社会机构和政治文件；文学类。

现代文体分类学将文体从以下不同角度进行分类。

（1）以文章表现形态为标准分类。例如，按照篇幅字数可以将小说分为短、中、长篇三类。

（2）以文章内容性质为标准分类。例如，按照使用领域可以将议论文分为政治论文、经济论文、教育论文、文学论文等。

（3）以文章功能为标准分类。按照这一标准，可以将文体分为八大类：公文事务文体、商务文本文体、科学技术文体、教科书文体、生产技术文体、新闻论文文体、文学艺术文体、日常应用文体。

综合上述中外对文体的分类，西方传统上把文本分为实用类与文学类两大类，中国大致也是如此。在传统的文体分类中，文学文体一直作为一个主要的部分而存在，而且到现在人们对文学文体的研究也逐渐达成了一种共识，即文学文体是一个最主要的相对独立的文体类别。实用文体可分为商务文体、广告文体、新闻文体和科技文体等子文体。

第二节 主要修辞格的翻译

修辞格主要包括词语修辞格、结构修辞格以及音韵修辞格三大类。本节就对这几种修辞格的翻译展开研究。

一、词语修辞格的翻译

词语修辞是修辞文化的重要组成部分。词语修辞格的运用可以使语言生动、形象、活泼、优美，因此词语修辞格常见于各类文学作品中。下面就介绍一些常用的词语修辞格的翻译。

（一）比喻的翻译

比喻有明喻和暗喻之分，下面分别对其翻译进行分析。

1．明喻的翻译

（1）直译法，英语中有like，as，as if，as though等比喻词，而汉语中有“像”“好像”“仿佛”“如”等比喻词。因此，在多数情况下，英语明喻可以采用直译法进行翻译，这样可以最大限度地保留原文的特点。例如：

A man can no more fly than a bird can speak.

人不能飞翔，就像鸟不会讲话一样。

The pen is to a writer what the gun is to a fighter.

作家的笔犹如战士的枪。

上述两个例句的翻译都采用了直译法，译文中的本体、喻体与原文中的一致。

（2）意译法，英汉语言在诸多方面存在差异，因此有些明喻也不能采用直译进行翻译，此时需要采用意译法。例如：

Records fell like rip apples on a windy day.

记录频频打破。

上例采用了意译法，舍去了原文的喻体，符合汉语的语言习惯。

2．暗喻的翻译

（1）直译法，英语暗喻有be，become，turn into等标志词，汉语中与之相对的有“是”“变成”“成了”等词语，所以一般可采用直译法来翻译英语暗喻。例如：

Three years’ jungle life had turned him into a wild beast.

三年的丛林生活把他变成了野兽。

上例原文中将him比喻为a wild beast，译者将其直译为“野兽”，很好地保留了原文暗喻的形象。

（2）意译法，暗喻也不能一味地进行直译，有时也要根据实际情况采用意译法进行翻译，以使译文更符合译入语习惯。例如：

Please do best to convince SINOCHEM that they are really barking up the wrong tree. We are liable for nothing.

请尽量说服中国化工进出口公司，他们确实错怪人了。我们没有任何责任。

加果将 bark up the wrong tree 直译为“啃错了树”，显然难以理解。这里应采用意译法进行处理。再如：

He is a weather cock.

他是一个见风使舵的家伙。

She is a fox.

她是位时髦迷人的女郎。

（二）夸张的翻译

夸张的翻译主要采取直译法与意译法。

1. 直译法

英汉两种语言中夸张使用十分普遍，也存在一些相似之处，因此为了更好地保持原文的艺术特点，可采用直译法进行翻译。例如：

If you gave me eighty necklaces and eight hundred rings I would also throw them away. What I want is nothing but dignity.

你就是给我八十条项链和八百个戒指，我也不要，我要的是尊严。

Yes, young men, Italy owes to you an undertaking which has merited the applause of the universe.

是的，年轻人，意大利由于有了你们，得以成就这项寰宇称颂的伟业。

上述两个例子对原文的夸张修辞格的翻译均采用了直译法，使译文具有与原文相同的艺术效果。

2. 意译法

由于英汉夸张的表现手法、夸张用语以及英汉语言的表达习惯有着很大的差异，因此不能机械照搬原文，有时需要采用意译法对原文进行适当的处理，以使译文通顺易懂，符合译入语的表达习惯。例如：

She is a girl in a million.

她是一个百里挑一的姑娘。

原文中的 in a million 如果直译为“百万里挑一”，会令读者觉得很别扭，因此这里应采用意译法，译为“百里挑一”，符合汉语的语言习惯。再如：

He ran down the avenue, making a noise like ten horses at a gallop.

他沿街跑下去，喧闹如万马奔腾。

Seventy times has the lady been divorced.

这位女士不知离了多少次婚了。

（三）拟人的翻译

对拟人进行翻译通常以直译法与意译法为主。

1．直译法

由于拟人这种修辞手法常见于英汉两种语言中，且两种语言中的修辞还有着许多的相似之处，因此翻译时可采用直译法。例如：

All night long he can hear nature breathing deeply and freely, even she takes her rest she turns and smiles.

他整夜都能听见大自然深沉而自在的呼吸，即使在休息，大自然仍然在转动和微笑。

And certainly, whenever the wind blew, the reed made the most graceful curtseys.

这倒是真的，风一吹，芦苇就行着最动人的屈膝礼。

上述两个例句的翻译都采用了直译法，很好地再现了原文。

2．意译法

实际上，直译法并不适用于所有拟人修辞格的翻译。由于英汉两种语言在表达习惯上有着一定的差异，因此为了使译文更加符合汉语的表达习惯，翻译拟人修辞格时就要采用意译法。例如：

The ship sadly caught fire and the plans to make her a floating museum died in the smoldering embers.

这艘船不幸着火了，于是把它建成水上博物馆的种种计划也在一片焖燃着的灰烬中泡汤了。

上例原文采用拟人手法，ship 与 plans 都被拟人化了。但是汉语中“船”通常被视为没有生命的实体，“计划”的拟人也不常见，因此翻译原文宜采用意译法。

（四）反语的翻译

直译是处理反语翻译最直接、有效的方法。通过直译可以很好地保留原文的修辞效果。例如：

You and the girls may go, or you may send them by themselves, which perhaps will be still better, for as you are as handsome as any of them, Mr. Bingley might like you the best of the party.

（Jane Austen: *Pride and Prejudice*）

你带着女儿们去就行啦。要不干脆打发她们自己去，那样没准更好些。要知道你的模样跟她们一样标致，宾利先生兴许倒会看上你呢。

本例是 Mr. Bennet 对 Mrs. Bennet 所说的一段话。Mr. Bennet 说 you are as handsome as any of them, Mr. Bingley might like you the best of the party 一句是反语，此处直译后，中国读者也能体会出其中的反语效果。

"It's no use going to see little Hans in winter," the Miller used to say to his wife. "When people are in trouble we must leave them alone and not bother them. That's my idea of friendship, and I am sure I am right."

（Oscar Wild: *The Devoted Friend*）

"冬天去看小汉斯没用，"磨坊主常对他妻子说，"当别人有麻烦时，最好让他独自呆着，别去打扰他。我认为友谊就是这样。而且我确信我的看法是正确的。"

本例中磨坊主关于"朋友有麻烦时，不应该去打扰他"的言论显然是十分自私可憎的，译者采用直译法，保留了原文情景讽刺的意味。

（五）仿拟的翻译

通常情况下，翻译仿拟可以采取仿本体直译法与意译法两种方法。

1. 仿本体直译法

由于仿拟的对象大多是广为人知的，因此仿拟在形和义两个方面都能在目的语中找到对应。这就使很多仿拟可以采取仿本体直译的方法进行处理。例如：

Wine was thicker than blood to the Mondavi brothers. Who feuded bitterly over control of the family business. Charles Krug Winery.

（*National Geographic*）

对于蒙特维兄弟来说，酒浓于血，他们为了争夺查尔斯·库勒格酒厂这份家业，而斗得不可开交。

本例中的“Wine was thicker than blood.”仿自一句英语谚语“Blood is thicker than water.”。译文仿照这句言语的翻译结果“血浓于水”来翻译原文中的仿句，完整传递了原文的含义。

2．意译法

在翻译仿拟时，如果直译效果不好，就要摆脱原文修辞形式的束缚，根据目的语的表达习惯进行意译，保证译文能够忠实、完整地传递原文含义。例如：

He intended to take an opportunity this afternoon of speaking to Irene. A word in time saves nine.

（*John Galsworthy*）

译文 1：他打算今天下午找个机会和艾琳谈谈。一句话说在点子上，以后就可以一句话顶九句。

译文 2：他打算今天下午找个机会和艾琳谈谈。一句话说在点子上，以后就可以省去很多麻烦。

本例中的“A word in time saves nine.”仿自英语谚语“A stitch in time saves nine.”。译文 1 采用了直译法，译文 2 则采用了意译，通过对比可以发现，译文 1 显然没有译文 2 读起来更加顺畅自然。

（六）双关的翻译

对双关的翻译常常采用以下几种方法：对译法、套译法、加注法以及拆译法。

1．对译法

如果英语中的多义词可以在汉语中找到对应的词语，即可采取对译的方法保留原文的双关来翻译。例如：

She's the nimblest girl around. Nimble is the way she goes. Nimble is the bread she eats, light, delicious, nimble.

她是附近最敏捷的女孩，敏捷是她的举止特点。“敏捷”是她食用的面包——松软味美的“敏捷”。

本例是一则面包广告。nimble 的本义是“敏捷的”，这里还有另外一个含义：面包的商标名称。译文将面包名称翻译成“敏捷”，正是利用谐音传递了原文的双关修辞效果，做到了忠实原文。

2．套译法

英汉习语都具有一定的文化背景，并且在目的语中也有类似的表达，翻译时可利用这些模式进行套译。套译可以忠实地传递源语的文化内涵，同时使语言简洁、凝练，但是其缺点是会遗失一部分的双关内涵。例如：

An Apple for everybody keeps worries away.

电脑选苹果，烦恼远离我。

本例是苹果电脑的广告语，这个广告语和英语习语“An apple a day keeps the doctor away.”类似，因此可根据该习语的翻译套译这则广告。

3．加注法

当无法找到合适的汉语表达来体现原文双关时，不妨采取加注的方法对原文中的双关含义进行解释。例如：

Don’t labor the point, or he conservative in your choice, or liberal with your money. Come to Butlin’s for the real party. Great Party Ahead.

布特林旅行社——你明智的选择。宣传不用太劳工费神，选择不必太保守谨慎，花钱不要太自由放任。我们的工作不是结党而是组团——快来参加我们充满欢乐的旅行团吧。

（注：labor，conservatlve 和 liberal 是英国的工党、保守党、自由党，Party 既指“政党”，又指“旅行团”。）

本例是一则旅行团广告。原文中的 labor，conservative，liberal 可分别表示英国的工党、保守党、自由党。其中，labor 还有“劳神”的意思。party 既可以指“政党”，又可以指“旅行团”。由于英汉文化的差异，这种双关是很难翻译的。这里采用加注法，通过注释使读者自己体会原广告语中的双关含义。

4．拆译法

拆译法是指在翻译双关时将原文的双层语义拆开，将其字面意义和隐含意义分别译出。例如：

The Unique Spirit of Canada.

别具风味的加拿大酒，独特的加拿大精神。

本例是一则酒的广告，spirit 是一个多义词，既可以表示“烈性酒”，又可以表示“精神”。为保留原文的语义双关，翻译时将其双层含义拆开翻译，前面译为“酒”，后面译为“精神”。

（七）借代的翻译

无论是英语中还是汉语中的借代常会使用带有浓重民族色彩的词语，因此在翻译时需要对原文进行加工，如添加注释说明，或者采用意译法等。例如：

Poor Charliel of all the girls in the world，he should have fallen in love with the daughter of a Judasl.

译文 1：可怜的查理！世界上有那么多女孩，他却爱上了一名犹大（注：《圣经》中耶稣十二使徒中出卖耶稣者，常被用来指代叛徒）的女儿！

译文 2：可怜的查理！世界上有那么多女孩，他却爱上了一名叛徒的女儿！

Judas 在中国也广为人知，因此可以直译，但为了照顾不太了解《圣经》的读者，可以加脚注进行说明。也可以采用意译法将 Judas 译为“叛徒”，但文化色彩稍逊于直译。

Upon my word，Basil. I didn’t know you were so vain，and I really can’t see any resemblance between you，with your rugged strong face and your coal-black hair，and this young Adonis. Who looks as if he was made out of ivory and rose-leaves.

译文 1：说真的，巴西尔，我没想到你会这么自负。我实在看不出你跟这个阿多尼斯一样俊美的少年之间有任何相似之处。你的脸粗犷有力，头发黑得像煤炭，而他看上去就像是用象牙和玫瑰花瓣做成的。

译文 2：说真的，巴西尔，我没想到你会这么自负。我实在看不出你跟这位阿多尼斯（注：希腊神话里的美少年，为爱神所钟爱，常被西方人用来指代美貌少年）之间有任何相似之处。你的脸粗犷有力，头发黑得像煤炭，而他看上去就像是用象牙和玫瑰花瓣做成的。

译文 3：说真的，巴西尔，我没想到你会这么自负。我实在看不出你跟这位俊美少年之间有任何相似之处。你的脸粗犷有力，头发黑得像煤炭，而他看上去就像是用象牙和玫瑰花瓣做成的。

Adonis 是神话传说中的美少男，后常被西方人用来指代美貌少年，但在中国并不广为人知，因此可采用多种方法对其身份进行补充说明。

（八）委婉语的翻译

在翻译委婉语时，可采用以下几种方法：直译法、意译法、加注法、移植法。

1．直译法

尽管英汉委婉语之间存在很大的差别，但仍有许多相近之处。换言之，同一委婉语在英汉两种语言中都有相应的表达，这时可采取直译进行处理，以使译文在内容和文体上与原文保持对等。例如：

And, it being low water, he went out with the tide.

正是退潮的时候，他跟潮水一道去了。

上例中把 dead（死了）比作 went out with tide（跟潮水一道去了），显得十分含蓄、委婉。汉语中也可有这样的委婉说法，因此采用直译。

Tom did something, and the police…well, now he is staying at the correctional center.

汤姆做了点什么事情，警察……哦，现在他正待在纠错中心。

上例原文中，correctional center 是 prison 的委婉表达，did something 也是犯错的一种说法。采用直译法进行翻译既能够保留原文中的委婉语气，也可以使读者根据上下文准确理解其真实含义。

I'm afraid she can't act that part—she is a little on the plump side.

恐怕她扮演不了那个角色 —— 她有些发福。

上例中 on the plump side 的意思是“发福”，汉语也有这样的表达，因此可直译。

“Sarah, when I close my eyes, make sure that nohody goes near my apartment until the first of the next month.”

“莎拉，一旦我眼睛闭上，你要等到月底再把房子退给人家。”

上例中的 close my eyes 是死亡的委婉说法，汉语中也有类似说法，因此可采用直译。

2．意译法

由于英汉在语言、文化、习俗、历史等方面都存在一定的差异，有些委婉语无法在译入语中找到与之对等的委婉语，这时可采用意译法进行翻译。例如：

disabled 跛子

unemployment benefit 救济

under the weather 生病

low IQ 傻子

上面这些英文表达均是委婉语，翻译时采用了意译法。再如：

We will have oil the Mayor to get the permit.

我们得贿赂市长，以便获得允许。

上例中 oil the Mayor 是“贿赂市长”的委婉表达，但如果直译成“给市长上油”就十分可笑了。这里应采用意译法进行翻译，以准确地传达原文的真实含义。

His relation with his wife has not been very fortunate.

他经常和妻子吵架。

上例中，has not been very fortunate 是吵架的委婉说法，翻译时应采用意译将其意思表达出来。

3．加注法

在翻译委婉语时，如果直译和意译都无法如实传递原文信息，可在直译的基础上增加一些解释性的词，将其中的文化内涵清楚明白地传达给译语读者，使译文更加准确。其优点在于对源语文化的保留和还原。例如：

Harry used an Anglo-Saxon word.

哈里用了一脏词。

（注：Anglo-Saxon 是委婉语。英语中最脏的粗话有很多都来源于古英语，Anglo-Saxon word 因此得名。）

The boy' s laziness all summer got his father' s goat.

那男孩整个夏天都很懒，这使他父亲很生气。

（注：《圣经 • 旧约》中上帝命撒旦去烧 Job 的羊群以激怒他，考验他对上帝的忠诚与忍耐。后用 got one' s goat 表示使某人生气的意思。）

“If I don' t have a drain of rum. Jim, I' ll have horrors, and if I get the horrors. I' m a man that has lived rough, and I' ll raise Cain...”

“我要是不喝一口朗姆酒，吉姆，什么妖魔鬼怪都会在我眼前出现。……每当我眼前出现这些可怕的东西时，我就会撒野、造反……”

（注：据《圣经 •创世纪》记载，该隐（Cain）是人类始祖亚当（Adam）的长子，出于对弟弟亚伯的嫉恨，竟把弟弟杀了。该隐是人类第一个杀亲的罪人。）

4．移植法

英语委婉语的移植指的是在汉语译文中直接借用英语原文中的词语。移植法通常包括两种情况，即直接移植法和音译法。

（1）直接移植法，直接移植即译文原封不动地挪用原文中的词语。直接移植多见于科技翻译和新闻媒体中。例如，MD（精神病），VD（性病），TB（肺结核），BO（狐臭），DA（吸毒者），DWI（酒醉驾车），B-girl（吧女；妓女），D&D（酒后滋事）等。

（2）音译法，音译是用一种语言文字写成或读出另一种语言的词和词组的发音。当译入语中没有原文中的事物时，如科技新词、商标、文化词等，常采用音译法来翻译。例如：

Aids 艾滋病

taboo 塔布

hacker 黑客

Dink 丁克

Sauna 桑那

own goal 乌龙球

（九）移就的翻译

由于移就是超乎常规的词语转移搭配，因此翻译时首先要透彻地领悟原文中词语的搭配关系，在符合汉语表达习惯的基础上，清晰地表达原文的含义。具体来讲，移就的翻译大致有以下几种方法。

1．直译法

采用直译法进行翻译可忠实地体现原文变异搭配的形式和效果，充分反映原文的写作风格。因此，移就能直译的尽量直译，但前提是要保证译文的可读性和流畅性。例如：

Without any companion it grew there uttering joyous leaves of dark green.

没有任何伙伴，它独自生长，发出暗绿色的枝叶，让人看了觉得快乐。

joyous 本是用于修饰人的，这里用于修饰 leaves，采用了移就修辞手法，翻译时将其直接译为“让人看了觉得快乐”。

2．还原译法

还原译法就是将移用的词语译成状语，使其“物归原主”。例如：

At last he whispered a hurried goodbye to his host and darted towards the door.

最后，他匆匆地向主人轻声道别，急步走向门口。

上例原文中的hurried goodbye属于移就，译文将hurried译为状语“匆匆地”。

3．引申译法

引申译法就是将移用的词语和其修饰的名词之间的语义关系梳理清楚，通过增补成分、引申词义或调整结构等，使词语的搭配更加合理，更符合汉语的表达习惯。例如：

They teach you to be proud and unbending in honest failure.

他们教导你们在正大光明的失败面前要不气馁、不屈服。

上例原文中的honest failure采用了移就修辞手法，译文用引申译法，将其译为“正大光明的失败”。

4．词类转译法

将原文中某一词类转译为汉语中的另一词类就是词类转译法。采用词类转译法进行翻译，可以使译文更符合汉语的表达习惯。例如：

He is now again seated in his usual sleepy corner.

现在他又坐到那个角落里去了，坐在这儿很容易使他打瞌睡。

上例原文中的sleepy corner采用了移就修辞手法，译文用词类转译法，将形容词sleepy转译为动词“打瞌睡”。

二、结构修辞格的翻译

在语言使用过程中，结构修辞格的使用也十分常见。运用结构修辞格有利于增加语言表达的结构感，从而吸引读者阅读。下面对结构修辞格的翻译进行分析。

（一）排比的翻译

排比的使用有利于增加语言表达的气势和整齐性。排比的常用翻译方法主要有以下几种。

1．直译法

英汉两种语言中都有排比修辞格，因此通常情况下，英语排比句可以直译为汉语排比句，这样既保留了原文的形式与韵味，同时也符合汉语排比句的特点。

例如：

Doubt that the stars are fire;
Doubt that the sun doth move;
Doubt truth to be a liar;
But never doubt I love.

（William Shakespeare: *Hamlet*）

你可以怀疑星星是火把；
你可以怀疑太阳会转移；
你可以怀疑真理是谎言；
可我的爱永远不会变。

该例选自莎士比亚的《哈姆雷特》，译者在翻译时保留了原文的排比修辞手法，增加了表达的气势，增加了信服度。

2. 增补法

增补法是指将原文字面上省略的含义在译文中增补出来，使译文在语法、语义、语言形式上更符合原文的实际含义，并使译文的意思表达得更清晰、完整，同时又符合汉语的表达习惯。尽管增补法看起来增加了原文字面中没有的含义，但实际上忠实了原文，保证了译文的质量。由于英汉语言的差异，排比的翻译有时可以采取增补法。例如：

God help me, I might have been improved for my whole life. I might have been made another creature perhaps for life, by a kind word at that season. A word of encouragement and explanation,of pity for my childish ignorance, of welcome home, of reassurance to me that it was home, might have made me dutiful to him in my heart henceforth, instead of in my hypocritical outside, and might have made me respect instead of hate him.

（Charles Dickens: *David Copperfield*）

我的天哪！那时候，如果他给我一句好话，那我可能一辈子都改好了，可能一辈子都变成了另一种样子的人；那时候，他只要说一句鼓励我的话，说一句讲明道理的话，说一句可怜我年幼无知的话，说一句欢迎我回家的话，说一句使我放心，感觉到这个家还真是我的家的话；只要说这样一句话，那我就可以不但不用外面作假敷衍他，而反倒要打心里孝顺他，不但不恨他，而反倒要尊敬他。

（张谷若 译）

该例英语原文中的黑体部分运用了排比修辞格，其中使用了 word 一词，译文中为了增加结构感，符合汉语的表达方式，在各排比句中加上了“话”一词，将各排比句连接起来，使译文含义更加完整，方便读者阅读。

3．转换法

由于英汉表达习惯的不同，翻译时在词语词性的选择上无法做到完全对应，这时就需要译者适当进行词性转换，保证译文通顺流畅，便于阅读。例如：

No, the way to win this is to be stead-fast and resolved and to follow through on the plan that I' ve just outlined.

不，赢得胜利的唯一途径就是立场坚定、下定决心，并把我刚才提到的计划贯彻到底。

该例中，英语原文出现了两个形容词 stead-fast 和 resolved，译者对其采用转换法进行翻译，译为汉语中的偏正结构“立场坚定”和动宾结构“下定决心”，从而增加了译入语读者的接受度和可读性。

（二）倒装的翻译

倒装主要可以分为语法倒装和修辞倒装两类。下面就对这两类倒装的翻译进行介绍。

1．语法倒装的翻译

语法倒装在翻译时一般需要调整语序，将其还原成正常语序，即复位翻译。例如：

Should you be in trouble, they would help you.

如果你遇到麻烦，他们会帮助你。

Were this to happen, it would cause a great deal of harm.

倘若发生此事，那会造成很大的伤害。

2．修辞倒装的翻译

翻译修辞倒装时，为了体现原文的特点，应尽量保留原文的修辞手段，如果不能做到与原文相同，就要依据汉语的行文习惯，采用其他句式再现原文的倒装结构。例如：

On the upper reaches of the river stand a few hydro electronic power stations.

河的上游屹立着几座水力发电站。

Money I have none, my life, at your disposal.
要钱没有，要命一条。

（三）设问的翻译

翻译设问通常以直译法为主，这样可以保留原文中的反问语气和自问自答的形式，从而将原文的内容、思想和情感如实地呈现给译文读者，使译文读者能够拥有和原文读者相同的感受。例如：

O, Wind, if winter comes, can spring be far behind?
（Shelley：*Ode to the West Wind*）
啊，西风，如果冬天来了，春天还会远吗？

What's the use of crying?
哭有什么用呢？

What is popularity? It's glory's small change.
名望是什么？那是光荣的零头而已。

上述英文例句均使用了设问的修辞形式，译者对其采用了直译法，从而保留原文形式。

（四）对偶的翻译

对偶的翻译主要可以采用以下几种方法：直译法、省略法、增补法以及反译法。

1．直译法

英汉语言中都有对偶修辞手法，这就为直译对偶提供了便利。大多数情况下，英语对偶可直译为汉语对偶，这有助于保留原文的形式美以及内容思想，从而对原文保持最大程度的忠实。例如：

Speech is silver, silence is golden.
言语是银，沉默是金。

Ask not what your country can do for you, ask what you can do for your country.（Kennedy）
不要问你的祖国能为你做些什么，而要问你能为你的祖国做些什么。

上述两个例句，无论原文还是译文都是按照对偶修辞手法进行表达的。这种翻译方式贴合原文，同时也便于读者的理解。

2．省略法

在对偶修辞的翻译过程中，也需要使用一定的省略技巧，从而保证译文的简洁性。例如：

Everything going out and nothing coming in, as the vulgarians say. Money was lacking to pay Mr. Magister and Herr Rosenstock their prices.

（O. Henry: *4 Service of Love*）

俗话说得好，坐吃山空；应该付给马吉斯特和罗森斯托克两位先生的学费也没有着落了。

（王永年 译）

本例英语原文借助连接词 and 将对偶句的前后两部分衔接起来，但这在汉语中是不必的，故省略不译。

3．增补法

由于英汉语言存在很多差异，在对对偶进行翻译时，有时需要进行一定的增补，从而保证译文的完整性和读者的可读性与理解性。例如：

A young gentleman may be over-careful of himself, or he may be under-careful of himself. He may brush his hair too regular, or too un-regular. He may wear his boots much too large for him, or much too small. That is according as the young gentleman has his original character formed.

（Charles Dickens: *David Copperfield*）

一位年轻的绅士，对于衣帽也许特别讲究，也许特别不讲究。他的头发梳得也许特别光滑，也许特别不光滑。他穿的靴子也许特大得不合脚，也许特小得不合脚。这都得看那位年轻的绅士，天生来的是怎么样的性格。

（张谷若 译）

本例译文中的“衣帽”“不可脚”就是原文中没有对应的字面表达，但根据上下文含义可以理解并且需要增补的内容。如果译文不对此进行增补而按照字面含义直译很容易造成读者的理解困难或减损译文的生动感。

4．反译法

在使用对偶修辞格的时候，经常会出现否定的表达，由于英汉两种语言在否定表达上有很多不同之处，因此在翻译时需要运用反译法进行适当转换。有时需要将英语的肯定形式译成汉语的否定形式，有时则需要把英语的否定形式译成汉语的肯定形式，从而使译文更符合汉语表达习惯。例如：

With malice toward none, with charity for all, with firmness in the right, as God gives to see the right.

我们对任何人不怀恶意，对所有人心存善念，对上帝赋予我们的正义使命坚信不疑。

本例原文由三个介词短语构成了对偶。其中第一个介词短语的mailce是肯定形式，而none是否定形式。而译文对malice采取了正话反译的处理方法，而对none采取了反话正译的处理方法，保证了译文表述符合汉语习惯，读起来朗朗上口，且表达含义也与原文一致。

三、音韵修辞格的翻译

音韵修辞格是借助词语的语音特征而产生的一种修辞手法。下面对音韵修辞格的翻译进行介绍。

（一）头韵的翻译

具体来说，头韵的翻译可以采用以下几种方法：直译法、对比法以及排比法。

1．直译法

在对头韵进行翻译的过程中，如果英语中的头韵修辞格可以在汉语中找到与之相对应的双声词，就可以将其直接翻译为汉语双声修辞。这种译法可以较好地传递原文中的修辞效果。例如：

The moan of doves in immemorial elms. And murmuring of innumerable bees.

古老的榆树林中鸽子的呢喃，还有成群飞舞的蜜蜂的嗡嗡声。

原文中的moan和murmuring属于头韵，译文分别译为汉语的双声词“呢喃”与“嗡嗡”。

2．对比法

英汉语音存在一定的差异，因此也有不对应的情况。当二者无法对应时，翻译时可以将原文中的音韵忽略而仅保留语音形式上的对称美。这种译法的优点是可以传递原文中的节奏感。例如：

When you stop to think, don't forgot to start again.

一旦停手思考，莫忘动手再干。

对于上述原文的翻译，译者采用了对比法，使用了形式对称的结构增加了表达的韵律感。

3．排比法

为了保留英语中头韵的修辞特色，有时可以将头韵译为汉语的排比结构。例如：

Predictably the winter will he snowy, sleety and slushy.

估计今年冬天将多雪，多冻雨，多泥泞。

It was a splendid population—for all the slow, sleepy, sluggish-brained sloth stayed at home.

这是一批卓越能干的人民——因为所有那些行动迟缓、瞌睡兮兮、呆如树獭的人都留在家乡了。

（二）尾韵的翻译

在翻译尾韵时，通常采取两种翻译方法：对应翻译法与转换翻译法。

1．对应翻译法

通常而言，英语中的尾韵很难直接译为汉语中的叠韵。但在一些谚语、习语、诗歌的翻译中，少数尾韵可以对应译为汉语的叠韵词。例如：

My little horse must think it queer.
To stop without a farmhouse near.
Between the woods and frozen lake.
The darkest evening of the year.

（Robert Frost: *Stopping by Woods on a Snowy Evening*）

我的小马一定觉得莫明其妙，
停驻之处没有农舍环绕。
林子与冻结的湖面之间，
一年中最浓的夜色笼罩。

上面诗节选自罗伯特·弗洛斯特的《雪夜林畔小驻》。诗节第一行的

queer，第二行的 near，第四行的 year 押尾韵。译者在翻译过程中保留了这一修辞手法，在对应诗行的结尾分别使用“妙”“绕”“罩”构成押韵，从而使译文读起来朗朗上口。

2．转换翻译法

尾韵修辞格有其自身的特殊性，因此当无法采用对应法进行翻译时，可以灵活采用转换法，从而实现原文的音韵修辞效果。一般来说，在进行英语尾韵转换翻译时，可以转换为汉语中的对比结构或并列结构。例如：

April showers bring May flowers.

四月骤雨，五月鲜花。

上例英语原文中的 showers 与 flowers 押尾韵。译者在对其进行处理时，并没有保留这种尾韵修辞形式，通过采用汉语并列结构，弥补了原文音韵美的缺失。

Friends may meet, but mountains never greet.

山与山不相会，人与人总相逢。

上述英语原文中的 meet 与 greet 押尾韵，但是译者对译文进行处理时，将其译为了汉语中的对比结构，从而体现出了原文的含义，并且带有一定的韵律美。

需要注意的是，在对尾韵进行翻译时，无论采用哪种形式都需要对原文含义进行准确传达。

第三节 各类文体的翻译

在翻译实践过程中，译者总会遇到各种各样的文体。各类文体的风格不尽相同，翻译方法也有所不同。本节就对各类文体的翻译展开探究，包括商务文体、广告文体、科技文体、新闻文体、法律文体以及文学文体的翻译。

一、商务文体的翻译

商务文体是商务交往活动的一种十分重要的途径，商务文体的翻译也越来越重要。翻译商务文体通常采取如下几种方法。

（一）直译法

直译法是翻译中最基本、最常见的方法，几乎适用于所有文体的翻译。在商务文体中，直译法适用于很多专有名词、专业术语的翻译，从而保留原词的生动形象，并丰富汉语词汇量。例如：

chain reaction 连锁反应

international trade 国际贸易

gentlemen' s agreement 君子协定

（二）音译法

商务文体中，很多以人名、地名命名的商标在翻译时可以采用音译法（如有必要还可添加说明性文字），这样可保留原名的读音和异域风味，避免翻译过程中的文化、意义的遗失。例如：

Ford 福特

Volvo 沃尔沃

Lincoln 林肯

Enron 安然公司

Monitor 摩立特集团

（三）意译法

英汉显著的语言差异导致翻译时很难做到完全直译。在翻译商务文体时，当直译会造成理解障碍的时候，译者应采用意译法将原文的真实含义翻译出来，以实现商务文本的功能。例如：

What foreign businessmen find encouraging is that ideology is no longer in the driver' s seat.

令外商感到鼓舞的是意识形态不再左右一切了。

原文中 in the driver' s seat 意为“负责、掌管”，这里可译为“左右一切”；如果根据其字面意思译为“坐在司机旁边”，则会让人觉得不知所云。

（四）分译法与合译法

商务文体中有很多复杂长句，使用分析法可将原句复杂的逻辑关系清晰地呈现在读者面前。例如：

We give 100% discount for cash payment.

如果用现金付款，我方予以 9 折优惠。

为使译文符合汉语表达习惯，译者在翻译商务文体时还可以将英文中短小或分散的信息合并在一个句子中翻译出来，以实现译文的紧凑与连贯。例如：

Consular Invocce are declarations made at the consulate of the importing country. They confirm the ex works cost of a consignment.

领事发票是进口国领事馆签发的一种申报书，用来证实一批货物的出厂价格。

（五）增译法与减译法

在商务文体翻译中，为保证译文的简练明确，译者可省略原文中影响译文简明性的词语的翻译（即减译），或增加一些关键词（即增译）以使译文清楚明了。例如：

With regard to Contract No. 34 and 54 we agree to D/P payment terms.

关于 34 号合同和 54 号合同，我方同意以付款交单为付款条件。（增译）

All disputes arising from the perfomance of this Contract shall, through amicable negotiations, be settled by the Parties hereto.

由此合同履行而引致的所有争议都应由双方友好协商解决。（减译）

（六）正译法与反译法

正反译法对商务文体中的否定或双重否定的表达极其适用。有时，肯定的英语句子译成汉语的双重否定比按字面直接翻译更能加强原文的语义和功能。例如：

Saving is to an individual what profit is to a business.

一个人不能不储蓄，就像一个企业不能没有利润一样。

（七）零译法

在商务文体翻译中的零译法可运用于以下两种情况中。

（1）有些词的意义并不能从字面上表现出来，其含义已经融入具体的语言环境，这些词语可以不译。

（2）有的词汇或者专业术语的知名度很高，不翻译也不会影响读者的理解，这些词语也可以不译。

（八）创译法

商务交往中总是伴随着各种新产品、新品牌，其翻译直接影响到品牌形象、产品销量。在翻译时，译者应充分发挥想象力，将源语的意境翻译出来。要实现这一点，有时就需要借助创译法。例如：

Kissem 奇士美

Whisper 护舒宝

Safegard 佳洁士

二、广告文体的翻译

随着经济的飞速发展，广告已渗透到社会生活的各个领域。广告活动不仅是一种经济活动，给人们带来新的商品和服务，同时还是一种文化交流，是传播文化的主要媒介。对广告文体翻译的研究也显得十分必要。广告文体的翻译主要采取以下几种方法。

（一）直译法

直译法是广告文体最常采用的翻译方法。采用直译法可以最大限度地展示原文的形式美。例如：

Winning the hearts of the world.

赢取天下心。（法国航空公司广告）

Big thrills. Small bills.

大刺激，小花费。（出租汽车公司广告）

Poetry in motion, dancing close to me.

动态的诗，向我舞近。（丰田 Toyota 广告）

EBEL— the architects of time.

“依贝尔”手表——时间的缔造者。（手表广告）

At 60 miles per hour, the loudest noise in the new RollsRoyce comes from the electric clock.

时速60英里的这种新式“劳斯莱斯”轿车最响的噪音是来自车内的点钟。（劳斯莱斯汽车广告）

（二）意译法

意译就是将原文所表达的内容以一种释义性的方式用译入语表达出来，不拘泥于原文在词序、语序、语法结构等方面的形式，用译入语的习惯表达方式将原文的本意表达出来。例如：

A good way to fly.

飞越万里，超越一切！（新加坡航空广告）

Beyond your Imagination.

意想不到的天空。（大韩航空公司广告）

Every time a good time.

分分秒秒欢聚欢笑。（麦当劳广告）

A diamond is forever。

钻石恒久远，一颗永流传。（戴比尔斯钻石）

Ideas for life.

联想创造生活。（松下广告）

The world's local bank.

环球理财，当地智慧。（汇丰银行）

（三）增译法

广告翻译采用增译法可以使原文的深层含义在译文中得到充分的表达。例如：

Elegance is attitude.

优雅态度，真我性格。（浪琴表广告）

Everything you've heard is true.

真材料，真感受，真服务。（汽车广告）

Be good to yourself. Fly emirates.

纵爱自己，纵横万里。（阿联酋航空公司广告）

Crest whitens whites.

佳洁士牙膏使牙齿白上加白。（佳洁士牙膏广告）

You're at 35,000 feet. Your head is in New York. Your heart is in Paris. Your Rolex can be in both places at once.

身在35 000英尺的纽约上空，巴黎的浪漫仍系心中。唯你的劳力士可两地

相容。（劳力士表广告）

（四）套译法

套译法是指在不影响原文思想表达的基础上套用固有的模式进行翻译，如套用诗歌、习语、口号等。采用套译法可以使广告译文更加符合汉语的表达习惯，使读者读来倍感亲切。例如：

Apple thinks different.

苹果电脑，不同凡“想”。（苹果电脑广告）

Kids can't wait.

不尝不知道，苹果真奇妙。（苹果公司广告）

Where there is a way for car there is a Toyota.

车到山前必有路，有路必有丰田车。（丰田广告）

（五）创译法

创译法是指根据产品的详细情况以及当地的语言或风俗习惯，对原文进行重新创造。创译法可以使广告的译文更具意境和感染力。例如：

Connecting people.

科技以人为本。（诺基亚广告）

Take time to indulge.

尽情享受吧！（雀巢冰淇淋广告）

A great way to fly.

飞跃万里，超越一切。（新加坡航空广告）

If it moves, pumps, turns, drives, shifts, slides or rolls, we check it.

成竹在胸，纵横驰骋。（某汽车广告）

（六）浓缩译

浓缩译是指对一些原文写得不够精练或文本信息过剩时的广告进行浓缩翻译，采用该方法译出的译文会更加简洁精练。例如：

Overseas. Time set free Overseas.

自由真意。（Vacheron Constantin 手表广告）

Wherever you are. Whatever you do. The Allianz Croup is always on your side.

安联集团，永远站在你身边。（安联集团广告）

三、科技文体的翻译

随着国际交往的不断深入，科学技术在各国之间的交流变得日益频繁，对科技文体翻译人才的需求量也在不断增加。科技文体的翻译主要采取以下几种方法。

（一）音译法

科技英语中常常使用一些最前沿的专业词汇，这些词汇在汉语中鲜有对应表达，在翻译时可以采用音译法，以保留原有的信息和内涵。例如：

gene 基因（生物学术语）

shock 休克（医学术语）

aspirin 阿司匹林（药品名称）

sonar 声纳（设备名称）

clone 克隆（高科技产品名称）

hacker 黑客（计算机词汇）

需要注意的是，音译法不能随便乱用，而且对于那些已有约定俗成译名的词汇，应该依从惯例，不能随意更改，否则将导致理解障碍。

（二）转化法

被动语态在科技英语中十分常见，而在汉语中则多用主动语态。因此，在翻译科技英语被动句时，应根据实际情况将被动语态进行适当的转化。具体包括以下几种情况。

（1）译为被动句。例如：

The metric system is now used by almost all the countries in the world.

公制现在被全世界几乎所有的国家所采用。

本例保留了原文中的被动语态，并根据汉语表达习惯调整了语序，使译文显得更加自然、准确。

另外，除“被”字句外，英语被动句还可以译为汉语的“把”字句、“为…

…所”“遭………”“受………”“用………”“靠………”“由……来……”“得到……”等，翻译时可灵活转化。

（2）译为主动句。例如：

To explore the moon's surface, rockets were launched again and again.

为了探测月球表面，人们一次又一次地发射火箭。

译文增加了原文字面没有的主语“人们”，从而将原句的被动语态译为汉语的主动语态。

（3）译为无主句，以凸显科技文体客观、专业的特点。例如：

Such great lifting force is generated with a great saving in electric power per passenger.

这样就能产生大得多的提升力，从而大大节约每个旅客所消耗的电力。

无主句是汉语表达的一个特点，本例将原文翻译成汉语无主句，一方面保持了原文的客观性，另一方面也符合汉语表达习惯，译得十分恰当。

（三）形译法

科技英语中经常出现表示材料、零件外形特征的词语。这类词语在翻译时可采用形译法来处理，即用汉字或某些形象的词语来翻译。例如：

cross bit 十字钻头

finger board 指（形）梁

twist drill 麻花钻

zigzag wave 锯齿波

I-column 工字柱

T-square 丁字尺

V-slot 三角形槽

Y-joint 叉形接头

（四）重组法

科技英语经常使用长句，有时需要打乱原文顺序，对其进行分层解析，然后按照汉语表达习惯加以重组，这样既能忠实于原文内容，又能使译文表达流畅，符合汉语表达习惯。例如：

In reality, the lines of division between sciences are becoming blurred, and science is again approaching the "unity" that it had two centuries ago, although the accumulated knowledge is enormously greater now, and no one person can hope to comprehend more than a fraction of it.

两个世纪前，科学处于一种"大同"的状态中。而如今，虽然总体上科学所包含的知识比以前丰富得多，而且任何人在各科学领域里都不可能做到"隔行不隔山"，但事实上，科学之间的界限竟也逐步模糊化，科学似乎又趋向两个世纪前的"大同"。

本例原文可以拆分为五层含义：科学之间的界限变得模糊；科学又接近"大同"局面；这种"大同"局面在两个世纪前就曾存在过；现在科学积累的知识比两个世纪前多；没有人能指望在科学领域里"隔行不隔山"。在对原文进行翻译时，译者可以根据这几个部分的逻辑关系进行重组，从而得出准确的译文。

四、新闻文体的翻译

在当今社会生活中，新闻英语是一种极为重要的大众传播媒介和载体。相应地，新闻文体翻译也发挥着十分重要的作用。下面就从新闻标题、导语以及正文三个层面对新闻文体的翻译展开分析。

（一）新闻标题的翻译

标题浓缩着新闻的主要信息，承载着丰富的信息量。新闻标题翻译的成功与否决定着整个新闻翻译的好坏。在翻译英语新闻标题的过程中，译者不仅需要斟词酌句，正确使用语法，而且还要考虑如何将原文的言语目的传递给读者。为此，译者在翻译时就需要采取一定的翻译方法。具体而言，新闻标题翻译可采用以下几个方法。

1．运用对称结构

在新闻文体中，由两句组成的标题很常见，其内容往往会形成鲜明对照。在翻译此类标题时，译者不仅要寻求意义对等，而且要保证形式对称。例如：

Look Back to Look Ahead.

回首往昔，展望未来。

Food drops "great TV", but almost useless

空投食物无异作秀，杯水车薪于事无补

2．套用诗词熟句

英汉语言在发展过程中都沉淀和汇聚了大量的诗词熟句，成为各自语言的浓缩精华。译者在翻译新闻时可以根据具体情况选用读者熟悉的诗词熟句，以便消除距离感，实现传播的目的。例如：

Singapore Film Star Cives Part of Liver to Save Dying Lover

若为爱情故，肝胆也可抛

狮城影星捐肝救垂死恋人

这则新闻标题的内容理解起来比较容易，它的译文主要由两部分组成，即眉题和正题。眉题部分套用了名句“若为自由故，两者皆可抛”，译者略微做了改动，其意境同样很感人，较为完整地传达了原题情真意切的意蕴。

One Foot in the Field. the Other on the Campus

（UCLA Daily Bruin，2006）

如果仅从语言符号所指来翻译这句话，可译为“一只脚在田野，一只脚在校园”，但原标题的深层含义并不在此，因此有必要调节话语，进行解释性翻译，故可将标题改译为“一只脚在商界，一只脚在校园”。然而，这样的翻译显然不能突出效果。为了达到吸引读者的目的，译者可以运用修辞手段再次进行调整，以有效传递并突出信息核心。可以尝试套用汉语的一句俗语将其翻译为“脚踩两只船：一只在商界，一只在校园”。其中，“脚踩两只船”在汉语中含有贬义，经过这种处理，标题就显得诙谐幽默，容易吸引眼球。

3．酌情补全背景

由于新闻标题长度的限制，英语新闻标题不能将诸如事件发生的背景、地点等重要信息都包含在内。因此，译者在翻译英语新闻标题时，要在考虑读者的阅读心理的情况下，对译入语读者可能不熟悉的有关信息进行必要的阐释。具体而言，可根据需要在译文中添加逻辑主语，或新闻人物的国籍、消息的事发地点等。例如：

Lewis, Xie voted world' s top two

路（易斯）谢（军）当选世界十佳（运动员）前两名

在标题的译文中，译者增加了一些阐释性的内容，把有关新闻人物的姓名以及标题在逻辑上或语义上有所缺损的信息完整地介绍给了读者，提高了译文的清晰度。

I worry that we won' t live to see our daughter.

这则新闻标题直接引用自一位日本老人所说的话。如果将标题直译成“我担心活不到见到女儿的那一天”，虽然意思正确，但这只是一种随意的话语，没有将深层次的内容表达出来。为了提高标题的表达效果，在表达意义时要考虑将语境条件增补进去，因此可以将标题译为“日朝人质何时休，老母盼儿泪满流”，这样不仅交代了事件的背景，同时也表达了受害者对亲人的深切思念。

4．再现原文修辞特点

英语新闻标题除了讲求简洁精练外，还要求将新闻中的人物、事件鲜明地突出出来，吸引读者注意，因此会使用很多修辞手法。在对标题中的修辞手法进行翻译时，要尽量在译文中体现原文的修辞特色，以保留原文标题的生动性、趣味性。例如：

Soccer Kicks off with Violence

足球开踢拳打脚踢

上例英语标题采用了双关修辞手法。该则新闻标题中的kick off在足球比赛中原指“开球”，但与后面的violence一起使用，就为读者呈现出了一幅拳打脚踢的景象，并在回味之中哑然失笑：原来比赛双方一开球就打起来了。因此，译者将该标题译为：足球开踢拳打脚踢。再如：

Middle East:A Cradle of Terror

中东——恐怖主义的摇篮

After the Booms, Everything is Gloom

繁荣不在，萧条即来

Accuser Accused

原告没当成，反而成被告

5．灵活处理修辞差异

当英语新闻标题中的修辞手法在语言转换中难以找到契合点时可意译，舍弃原标题的修辞特色，根据汉语新闻标题的特点，多用对仗、尾韵等修辞手法，译出贴切的标题。例如：

All Work, Low Pay Makes Nurses Go Away

这则新闻标题的意思不难理解，且使用了仿拟的修辞手法

它仿拟了英语谚语“All work and no play/makes Jack a dull boy.”（只工作不玩耍，聪明孩子也变傻。）但是由于标题中蕴含了英语修辞的文化语言环境，兼具文化特色及语法修辞特点，很难与汉语契合，译者难以将其修辞再现于译文中。这种情况下，译者只能舍弃标题的修辞特色，争取译出标题的基本涵义，否

则就有可能因词害意，让人难以理解。可以将其译为：

工作繁重薪水低，护士忙着把职离

译文虽然消解了原文中的修辞手法，但采用了尾韵的修辞，读起来朗朗上口，仍不失为一个好标题。再如：

Russian Reform Old Wine in New Bottle

欧罗斯改革 —— 新瓶装陈酒

Desperate Need, Desperate Deed

燃眉之急，非常行动

Japanese dash to US to say “I do”

日本情侣蜂拥美利坚，牧师面前誓言“我愿意”

（二）新闻导语的翻译

导语有时也被称为“微型新闻”，具有简洁而充实、生动而具体的特点。导语主要是交代何人发生了何事，有时还会说明事件发生的原因。

根据导语的写作风格，可以将其分为硬导语和软导语。硬导语是指开门见山地交代新闻要素的导语，其特点是程式性叙述。硬导语可以包括要点式导语、概括性导语、橱窗型导语、标签式导语等。

下面就分别介绍硬性新闻导语与软性新闻导语的翻译方法。

1．硬性新闻导语的翻译

硬性新闻导语通常比较简洁，直截了当。在翻译时，适合采用直译法，在不影响内容的前提下可以根据情况调整语序，以符合汉语的表达习惯。例如：

Three Chinese students are confirmed killed in early Monday’s deadly fire at a Moscow university, according to latest information from the Chinese Embassy in Moscow.

据中国驻莫斯科大使馆最新消息，在星期一早上莫斯科一所大学发生的一场致命的大火中已确认有 3 名中国留学生丧生。

上面这则导语属于硬性导语，导语的词数不多，但是将事件发生的时间、地点、后果及消息来源等信息交代得很清楚。在翻译这则导语时译者采用了直译法。

2．软性新闻导语的翻译

由于英语软性新闻导语具有一定的文学性，生动活泼、情趣横溢，很容易吸引受众，因此翻译时适合采用带有文学色彩的手法进行处理，以便最大限度地保留原文的文学风格。例如：

Motherhood and apple pie are still fine, but the thing many Americans relish most these days is owning their own homes. Two in three homes are owned by their occupants, and the lowest mortgage rates in three decades keep the numbers rising. But this does not suit everybody.

（*The Economist*，2002）

母爱依旧浓，苹果派味道依旧美，但如今许多美国人津津乐道的事情是拥有自己的房子。现在三分之二的美国人是居者有其屋，三十年来最低的抵押贷款利率使这一比例继续上升，然而这并非人人都适用。

这是一则软性新闻导语，起始句更像是家庭生活的描写，渲染了气氛，然后引出新闻事实，切入正题。在翻译此类导语时，译者可以使用带有文学色彩的手段进行直译，以更好地传递作者的原义。

（三）新闻正文的翻译

正文位于导语之后，是新闻的主体部分，通常包括新闻事件的细节。新闻正文的翻译应特别注意以下几个方面。

1. 被动句的翻译

相对于汉语而言，英语中被动句的出现频率较高，在新闻文体中尤其如此。面对大量的被动句，译者不能死板地将其翻译为汉语的“被”字句，而应在了解原文重点与意图的同时，采用灵活的翻译方法。例如：

Three Hong Kong holidaymakers were killed, four hurt and nine missing yesterday after a coach plunged into a mainlartd river following a head-on collision.

昨天，一辆旅游大巴在内地与另一辆汽车迎头相撞，大巴掉进了河里，致使3名香港游客死亡，4人受伤，9人失踪。

His condition is unknown, as officials have effused to release his details to staff, but he is believed to be recovering at a Beijing hospital.

他的情况尚不清楚，因为官员们拒绝向员工透露他得病的细节。但是，一般都认为，他住在北京的一家医院里，身体正在康复。

2．倒装句的翻译

为突出某些信息或实现结构平衡，新闻文体中经常使用倒装句。对此，译文也应突出对应的信息，同时还应注意译入语表达的连贯性、地道性。例如：

Hardly are American youngsters interested in Chinese traditional culture. However, the performance of Li Yugang over whelms them in an extraordinary way.

很少有美国的年轻人对中国传统艺术感兴趣，但李玉刚的表演给了他们出其不意的震撼。

本例中的第一句话是倒装句，其按照正常语序应是 American youngsters are hardly interested in Chinese traditional culture，之所以采用倒装是为了突出李玉刚的高超演技及带给美国年轻人的强烈冲击。译文保留了这种语序以更好地传达原句重点信息。

3．多重前置定语的翻译

英语定语的位置比较灵活，可前可后，且经常出现多重定语前置的现象。这与汉语一般前置定语的表达习惯是不同的。在翻译这些前置定语时，译者要根据汉语表达习惯，将其前置或译成独句。例如：

Students from the two 100-year-old middle schools are preparing actively for the forthcoming 10, 000-yuan-winner-take-all competition next month.

两个百年名校的学生都在积极准备即将在下月举行的比赛，获胜者可以获得一万人民币的奖金。

原文中的前置定语 10，000-yuan-winner-take-all 在译文中被译为单独的一个句子“获胜者可以获得一万人民币的奖金”，这种表达方式符合汉语习惯。

五、法律文体的翻译

国际交往离不开法律的保障，尤其是出现利益纠纷、权利维护的时候，法律文体翻译显得更加重要。通常而言，法律文体翻译主要采取以下几种方法。

（一）词性转换法

英汉语言存在诸多差异，翻译时词性无法完全对应，这时就应转换词性，将多用名词、形容词的英语转换为多用动词、副词的汉语，以使译文通顺流畅，符合汉语表达习惯。例如：

The confidentiality restrictions and obligations imposed by this Section shall terminate two（2）years after the expiration or termination of this Agreement.

本规定的保密限制和义务，在本协议期满或终止两（2）年后终止。

该例英语原文中的两个名词 expiration 和 termination 分别被转换为汉语的两个动词“期满”和“终止”，既忠实于原文的内容，又符合汉语表达习惯。

（二）增译法与减译法

在翻译法律文体的过程中，经常会使用增译法和减译法。有些词语在原文中没有，翻译过来欠缺连贯、语义不明，此时就需要采用增译法增加相关词汇；还有些词语在原文中存在，翻译过来却显得多余，此时就应采用减译法省略不译。例如：

Notwithstanding the foregoing, a Party hereby waives its preemptive right in the case of any assignment of all or part of the other Party's registered capital to an affiliate of the other Party.

尽管有上述规定，如果一方将其全部或部分注册资本转让给一相关联公司，另一方则在此放弃其优先购买权。

该例采用了增译法。原文中的 the foregoing 后面虽然没有 stipulation 一词，但根据其实际含义“上述（规定）”，翻译时应该加上“规定”一词，以使译文语义完整、通顺流畅。

There is a recognized distinction between general and regional rules of international law, that is to say between, on the one hand, rules which, practically speaking, are of universal application, and, on the other hand, rules which have developed in a particular region of the world as between the states there located, without becoming rules of a universal character.

在国际法的一般性规则和地区性规则之间存在一种公认的差别；也就是说，一般性规则实际上具有普遍适用性，而地区性规则是在位于世界的某个特定地区内的国家之间发展起来的，因此不具有普遍适用性特点。

该例采用了减译法。原文中的 on the one hand 和 on the other hand 本来应分别译为“一方面”“另一方面”，但由于这样的表达过于冗长、啰嗦，译者就采用减译法用一个“而”字代替，清楚地表达了原文的并列关系。

（三）长句拆译法

法律英语经常使用长句，在翻译时必须理清句中各成分之间的关系，否则就无法翻译通顺、准确。这就要求译者在翻译法律英语长句时，根据实际情况采用拆分法将原句各层次拆分开来，按照逻辑关系重新排列组合，化长为短，以使译文表达清晰、简明、准确。例如：

Although there is still room for improvement in terms of legal and regulatory frameworks to govern areas such as *crimes in cyberspace and Internet related intellectual property rights*, it is hoped that an increasing use of digital signature contracting, enforceable electronic records and e-cert（encipherment）encrypted communication all under the *Electronic Transactions Ordinance*, will see the *Ordinance* as it now applies to cyberspace and the *Code*（albeit only disciplinary）helping to bring a regulated environment conducive to the smooth development of the best in e-commerce which will give Hong Kong the competitive edge.

尽管某些范畴（如计算机世界罪行以及与互联网有关的知识产权权益）的法律和监管架构仍有改进的余地，但笔者仍寄希望，随着人们日渐频繁地根据《电子交易条例》而以数码签署订立和约、使用可予强制执行的电子纪录以及进行经电子证书加密的通讯，现时适用于计算机世界的《条例》及（纵使只属纪律性质的）《守则》将有助营造妥受监控的环境，让最佳的电子商贸得以在中国香港顺利发展，从而提升中国香港的竞争力。

上例英语原文为增加语言的客观性，使用了大量第三人称句，增加了逻辑关系的复杂程度，因此不能按原句顺序翻译，而应按逻辑关系加以拆分、重组，同时将句中的被动语态翻译成主动语态，增加缺少的逻辑主语。

（四）调整语序法

法律英语中多复杂的长句，再加上英汉语序表达不同，在翻译成汉语时经常需要调整语序，甚至重新排列，以使译文读起来更加通顺、自然。例如：

The borrower shall not do or cause or suffer anything to be done whereby the lender's interest may be prejudice.

译文 1：借款人不得做出或促使或容许任何事情发生借以使贷款人的利益可能受损。

译文 2：凡可导致贷款人的利益受损的事情，借款人均不得做出，或促使或容许其发生。

上例英语原文是一个主从复合句，对比两个译文可以发现，按照原文语序翻译的译文 1 冗长累赘，读起来生硬晦涩，理解起来更加困难。而调整过语序后的译文 2 则思路清晰、语义明确，可理解度也有很大的改善。因此，译文 2 效果更佳。

六、文学文体的翻译

文学文体有着丰富的语言形式以及鲜明的语言风格。文学文体可以分为不同的类型。这里重点对诗歌、小说、散文这三种文学体裁的翻译进行介绍。

（一）诗歌的翻译

诗歌的翻译通常可以采取以下几种翻译方法。

1．形式翻译

与其他文学体裁相比，诗歌更加注重形式，且具有韵律美，因此为了忠实地还原原文信息，译者在进行诗歌翻译时常采用形式翻译。这种翻译方法注重诗歌的形式，强调诗歌的学术价值，尽可能避免外来成分的介入，如社会、历史、文化等。例如，乔治·威瑟（George Wither）的《哦再见，可爱的林木》（*Farewell, Sweet Grove*）就极具形式之美，译者在对其进行翻译时就严格按照其形式进行了翻译。

2．阐释性翻译

阐释性翻译注重对原诗文学价值的保留，追求原诗的意境美和音韵美。在这个基础上，译作还尽量保持原诗的形式，因此这种翻译方法在日常翻译实践中经常被采用。

3．调整翻译

调整翻译就是为了准确传达原文内容思想，使译文符合译入语的表达习惯，在直译的基础上进行一些必要的调整。调整翻译是介于形式翻译和阐释性翻译之间的一种翻译方法。

4．扩张性翻译

扩张性翻译具有很大的灵活性，翻译时译者可以根据自己的主观思维进行一定的创作活动。扩张性翻译的典型代表是庞德（Pound），他在不了解汉语的情况下，根据别人的解释将中国古诗译成了英语。他的译作不仅改掉了很多原诗的意象，同时还增加了自己对诗歌的理解，因此这种翻译在程度上属于自己的主观创作。需要注意的是，在日常翻译实践过程中不提倡采用这种翻译方法。

（二）小说的翻译

在小说的翻译过程中，译者应注意对原文风格、原文语境以及原文中的人物特点进行传译。

1．传译风格

小说是一种比较主观的文学艺术形式，每位作家在写作过程中都形成了自己的语言风格（如活泼、简洁、严谨、幽默、辛辣）。各自不同的语言风格在他们的作品中必然会体现出来。此外，小说的风格也会通过小说的主题、人物形象、故事情节、创作方法等体现出来。在翻译不同作家的小说时，不仅要准确地传达原文的思想内容，还要忠实地再现原文的创作风格，这样译文才能称得上是好的译文。例如：

"Let me just stand here a little and look my fill. Dear me!It' s a palace—it' s just a palacel…it makes me realize to the bone to the marrow, how poor I am—how poor I am, and how miserable, how defeated, routed. annihilated!"

让我在这儿站一会儿吧，我要看个够。好家伙！这简直是个皇宫 —— 地道的皇宫！……还叫我深入骨髓地看到我自己穷到了什么地步 —— 我多么穷，多么倒霉，多么泄气，多么走投无路，真是一败涂地！

上述是马克·吐温的《百万英镑》中的一段话。通过该段文字明显可以看出马克·吐温轻松幽默的语言风格。在翻译时译者也准确把握了作者的语言特点，采用与之相对应的口语化语言，充分再现了原文的艺术效果。

2．传译语境

语境对于推动小说情节发展、预示小说发展脉络十分重要。语境指的是语言使用的环境，小说的语境指的是为特定语言创设的环境。对于语境的翻译相对较难。因为语境受到多种因素的制约，同时小说可能是由不同的大语境和小语境构成的，因此需要译者进行准确区分。例如：

It was Miss Murdstone who has arrived, and a gloomy looking lady she was, dark like her brother, whom she greatly resembled in face and voice, and with very heavy eyebrows, nearly meeting over her large nose. …I had never, at that time, seen such a metallic lady altogether as Miss Murdstone was.

来的不是别人，正是枚得孙小姐。只见这个妇人，满脸肃杀，发肤深色，和她兄弟一样，而且声音，也都和她兄弟非常像。两道眉毛非常浓，在大鼻子上面几乎都连到一块儿了，……我长到那个时候，还从来没见过别的妇人，有像枚得孙小姐那样完全如钢似铁的。

（张谷若 译）

上述是狄更斯长篇小说《大卫·科波菲尔》中的一个片段，具体描写了枚得孙的姐姐兼管家初到科波菲尔家时的情况。不难看出，针对这一人物，作者是持否定态度的。译者抓住了作者的这一态度，在遣词造句时时刻注意体现作者的观点，使原文的情景尽量重现。

3．传译人物特点

小说的人物是小说情节发展的主要推动力，对小说整体意象的构建有着深刻的影响作用。在对小说中的人物进行翻译的过程中，译者应该仔细挑选合适的词语，寻找最贴合人物形象的表达方式，从而最大限度还原原作的形象，给译入语读者留下深刻的印象。

（三）散文的翻译

翻译散文时，译者应做到恰当地传递原文的情感，使原文的意境得以重现以及对原文风格进行准确把握。

1．传递情感

散文创作的主要目的是表达思想感情，因此可以说情感是散文的灵魂。在对散文进行翻译时，首先要做到的就是对原文情感效应的对等翻译。换言之，读者在读到散文译作时，需要产生和原作相同的情感。

为了准确转译散文的情感，译者可以采用移情法。具体而言，译者可以从以下步骤入手。

（1）译者应对原文有一个正确、深入的理解，并识别原作中所蕴含的作者的情感。

（2）译者在忠于原作的前提下，使自己沉浸在原作所要传递的情感中，全面体会作者的喜怒哀乐。

（3）在翻译的过程中，译者应该做到以情译情，将其转化成文字进行翻译表达。

由此可见，译者的领悟能力和对原文情感基调的把握直接决定了译文情感的表达。

2．重现意境

散文思想的表达依托的是意境，因此作者在散文创作时十分注重对意境的营造。散文创作的目的是为了给读者带来美的享受以及生命的思考，因此在翻译过程中，对意境的重现是翻译的重中之重。

散文的语言表达较为自由，重“义”而不重“形”，因此译者在翻译时不必过于拘泥于句子表达，但要做到收放自如，在意义表达准确的基础上，运用优美流畅的语言使原文的意境之美得以再现。

3．把握风格

每个作者都有其自身的写作风格，翻译时，译者对原文作者风格的把握十分重要。如果译文的风格与原文迥异，即便译文语言再优美，表达再到位也无法称之为“佳译”，只能算是“佳作”，这是因为译文没有体现原文的创造风格，译语读者感受不到原文作者的文笔风格，自然也无法准确地体会作者字里行间的情感。

第六章 英语翻译与教学研究

虽然社会对翻译人才的需求不断增加，但是目前翻译人才的质量却不是非常理想。因此，教学作为培养翻译人才的主要手段，正面临着巨大的压力和挑战。与此同时，翻译教学工作者也意识到了自己所承担的艰巨任务。面对这一现实，对翻译教学进行更多的研究和探索就是一项必要之举。这里就具体探讨翻译教学与教学翻译、翻译教材、翻译测试以及翻译教学中跨文化意识的培养相关内容。

第一节 翻译教学与教学翻译

和翻译教学在字面上很接近的一个概念是教学翻译，中国学术界对翻译教学和教学翻译进行了大量的研究。事实上，二者有着本质的区别。从学科定位的角度考虑，翻译教学是拥有独立体系的学科，属于翻译学的范畴；而教学翻译则是服务于外语教学的一种辅助手段，属于语言学的范畴。从培养目标的角度考虑，翻译教学的目的在于培养优秀的翻译工作者或双语工作者；而教学翻译旨在培养获得一定外语能力的人才。从教学目标的角度考虑，翻译教学的目标是向学习者传授翻译职业的职业规范、道德、双语知识及翻译的理论与技巧；而教学翻译的教学目标旨在对学习者的外语知识进行检测并加以强化，以促进其语言能力的提升。从教学重点的角度考虑，翻译教学侧重培养学习者的双语转换能力和问题解决能力；而教学翻译往往侧重外语的内部语言知识体系和语言综合运用能力。从指导思想的角度考虑，翻译教学侧重翻译标准、原则，口译、笔译的实践能力及客户的需求；而教学翻译重视外语语言技能训练。

二者之所以不同的原因主要是：从目前的高等学校外语专业教学现状来看，翻译课程大都只设置在大学三、四年级，只开设口译和笔译两门课程，所规定的翻译课程的课时无法满足教学目标的要求，并且专业知识也不涉及翻译，这都和教学要求不匹配。因此，大多数学生想达到大纲所要求的翻译能力标准实在是比较困难。

翻译教学既属于翻译学范畴，又是将翻译理论运用到翻译实践的一部分，所以翻译教学作为沟通翻译理论和翻译实践的桥梁，关系到翻译学整个学科的建设和翻译事业的发展问题，可谓意义重大。对这两个概念的明确界定有助于翻译教师与教学管理者真正把握所从事的工作本质，进而寻找实现目标的有效途径。

第二节 翻译教材和测试

一、翻译教材

随着翻译教学的迅猛发展，翻译教材的需求也在不断地加大。翻译教材不仅体现了翻译课程的内容和目标，而且成为教师开展翻译教学以及学生进行翻译活动的重要工具。那么作为翻译教学的工具和指导，它的意义就不言自明了，但是如何才能编纂一个实用而且有价值的教材呢？这就需要我们首先了解教材编写的目标与定位，同时根据翻译教材的现状来提出合理的指导意见。

（一）翻译教材的定位

由于学习者的层次存在差异，翻译教材的内容设置必定有所不同。对于我国翻译教学来说，市面上的翻译教材琳琅满目，并且适合不同群体、不同需求、不同层次学生的教材应有尽有。从目的上来划分，可以将翻译教材归为两类：实用性翻译教材和综合性翻译教材。其中实用性翻译教材主要是针对特定专业、特定领域来编写的，主要包含科技英语翻译教材、口译教材、法律英语翻译教材、新闻英语翻译教材以及商务英语翻译教材等；而综合性翻译教材主要是比较基础性的翻译教材，其中包含针对非英语专业的大学翻译教材、针对英语专业的翻译教材、针对高职高专的翻译教材以及针对翻译专业的翻译教材等。学生的外语水平以及学习目标的差异是一种客观事实，因此在教材设计与编写的过程中需要注意这一点。例如，高职高专的翻译教材应该注重翻译技巧的编写；翻译专业的教材应该注重翻译理论的概括等。

针对不同层次的学生，著名的复旦大学外文学院翻译系副教授陶友兰总结并定位了三种翻译教材设计：语言导向、技能导向以及翻译能力导向。

1. 以语言为导向

以语言作为导向的翻译教材在设计上应该考虑到以下几个方面的因素。

（1）说明目的语的语法结构。众所周知，翻译教材不可能和语法书一样对各种语法项目进行详细介绍，但是对有些容易混淆的语法知识点应该加以介绍。

（2）注重两种语言的对比研究。翻译首先应该克服两种语言转换的障碍，而要克服这种障碍，就需要学生了解两种语言的异同点。一般来说，两种语言的对比主要是在词汇、句法、语篇等层面，这在之前的章节已经详细论述，这里就不多作介绍。

（3）加强母语的操练。在比较两种语言的同时，翻译教材应该着重说明母语使用的规则，因为存在于大学生翻译学习中的一个比较严重的问题就是语文基础不好。

从这几个因素可以看出，以语言为导向的翻译教材主要是为非英语专业的学生和初学者准备的。非英语专业的学生可以通过这样的翻译教材提高外语水平，而初学者可以通过语言对比来掌握翻译的基础。陶友兰教授认为，这种教材设计有其自身的优势，但是也存在着以下一些问题。

（1）此翻译教材设计虽然可以体现两种语言的语言特征，但是并不能让学生了解在不同语境中的翻译方法。

（2）此翻译教材设计会让学生局限于语言研究的层面，认为翻译实际就是两种语言之间的转换，因此会忽视影响翻译过程的其他因素，如文化等。

（3）此翻译教材设计忽视了语言的“描述性”，而着重关注语言的“规定性”。

2. 以技能为导向

以技能作为导向的翻译教材设计也应该考虑以下三个层面的因素。

（1）翻译技能的介绍有其理论依据。一般而言，翻译教材在介绍完翻译技巧或者策略之后就会罗列实例，这就会导致学生不明白其中的缘由，以技能为导向的翻译教材正好可以弥补这一点：

（2）从不同层面来表述翻译的语用技能，如编译、选择翻译、缩略翻译等。

（3）发展学生解决问题的技能。受不同文化的影响，在翻译中会遇到各种各样的问题，这种翻译教材设计可以帮助学生解决这些问题。

3. 以翻译能力为导向

翻译能力一般包含语言能力、语篇能力、文化能力、研究能力、转换能力等。以翻译能力为导向的翻译教材设计主要应该考虑到以下四方面的因素。

（1）对翻译技能进行简要概括。

（2）对翻译知识进行综合介绍，如翻译标准、翻译过程、翻译原则、译者素质以及翻译与其他学科的关系等。

（3）对翻译理论进行选择性的介绍。翻译理论多种多样，教材编写者应该筛选这些翻译理论，并用以下两种方式来加以呈现：某一理论贯穿于全书；在开篇的位置对中外主要翻译理论作简单介绍。

（4）注重学生文化意识的培养。翻译既然是语言的转换，而语言承载着文化，因此翻译其实是一种跨文化交际活动。教材编写者已经意识到对文化的贫乏很容易造成翻译的误区，因此在教材设计中会突出文化这一项。以翻译能力作为导向的教材主要针对的是翻译专业的学生，设计此类教材的目的就是为了使学生能够对翻译理论与实践进行全面的掌握。

综合来说，由于学习对象的学习水平、学习目的存在差异，翻译教材的设计途径也就存在差异。因此，翻译教学研究者应该首先了解学生的学习目标，对应用群体进行准确的定位，然后才能够有针对性地进行教材筛选。

从《高等学校英语专业英语教学大纲》的内容上可以看出，国家对英语专业学生的翻译能力提出的要求比较高，因此翻译课程不仅仅是简单的外语教学课程。事实上，翻译教材的编写有许多影响因素。第一是设计理论的支撑，第二是对教学大纲的遵从，第三是对使用群体的英语水平和学习目标的了解。

（二）翻译教材的现状

目前翻译教材基本以语言为导向，忽视了理论部分的编写。陶友兰教授对2005年之前发行的翻译教材进行了总结和分析，发现其中存在着一些共同的问题，主要有以下几点。

（1）大多数翻译教材未能从教师和学生的心理出发，因此学习者难以保持较高的学习热情。

（2）在分析语篇翻译时很少提供背景信息。

（3）大多数的翻译教材主要基于对语言结构、句型的分析，缺乏创造性。

（4）译例大多取自于文学作品，学生难以领会。

（5）大多数翻译教材认同不增词、减词的直译。

（6）翻译教材因为语言材料的科学性以及时代性不强，不能让学生学习到实用的翻译技巧。

（7）翻译教材脱离市场需求，将翻译教学与语言教学进行等同。

（8）大多数翻译教材目标不明确，未能满足学生的需求。

（9）翻译教材在翻译策略的探讨中，只关注语言与文本，严重忽视了政治、文化等要素的引入。

（10）大多数教材都用基本相似的模式介绍翻译理论，并且过于宽泛化、不适合在中国语境下进行理解。

这十大方面基本对目前翻译教材问题做了一个整体的概括，也成为目前翻译教材亟待解决的问题。翻译教材在设计和编写上都存在不同程度的问题。因此，翻译教师也常常因为很难选出合适的教材而抱怨。下面就对上面这些问题进行总结性分析。

1. 教材版本更换频繁

从20世纪八九十年代以来，教材的更新速度比较慢，因此供应的翻译教材很少，基本上一本翻译教材可以用上十几年。但是进入21世纪，翻译教材编纂速度逐步加快，并且呈现出百花齐放的局面，可供同一年级使用的教材多达几种或者几十种版本，这又造成翻译教材的更换频率进入了另外一个极端，那就是更新的速度过于频繁，更为严重的是同一年级的上下学期使用的教材居然也不一样，如第一学期用的是第二版，第二学期就换成了第三版。众所周知，不同版本的教材在体系编排上存在差异，有可能阻断了知识传播的连续性。

2. 教材编排不合理

改革开放以来，我国的翻译教材经过了30多年的建设，但是在编排上仍旧未能走出传统思想的禁锢，这主要是由于两个方面的原因：一是教材编写者的思想并没有完全解放，他们认为离开传统路线的教材很难让使用者接受；二是我国学者对翻译教材的研究还不够，目前专门研究翻译教材的书有两本，即陶友兰的《论中国翻译教材建设之理论重构》和张美芳的《中国英汉翻译教材研究（1949—1998）》。

另外，按照编写体系来分，目前的翻译教材可以分为三大类，即语法、句法流派翻译教材；功能流派翻译教材；当代译论流派翻译教材。其中，第一种翻译教材居多。张美芳指出，“大多数翻译教材在编排上还是将侧重点放在语言结构以及语言的转换上，” 这主要是由于以下几个因素造成的。

（1）编写者常常认为，语言教学等同于翻译教学，语言能力等同于翻译能力。

（2）编写者将外语学生作为读者对象，以提高学生的语言水平为目标。

（3）很多编写者只是语言学者，并不是特别了解现实的翻译实践。

因此，受这些因素的影响，大多数教材没有提及翻译理论，而是开篇就讲解单词、短语、句子的翻译。稍微先进一些的教材也会在开篇介绍翻译的过程、原则、标准、方法等理论知识，但是这些是非常少的，并且后边的译例分析又和语言教学没什么差别，因此无法体现翻译理论在翻译实践中的应用。此外还需要指出的是，翻译教材前面几章介绍的翻译理论相对陈旧并且概括不全，与学科的发展趋势不一致，这就导致了学生只单单从某一视角或者某一个维度去审视翻译现象，很不利于翻译能力的培养。

3. 译例缺乏实用性

在翻译教材中，译例大多都缺乏实用性，主要表现为以下几个方面。

（1）编写者并没有着实对学生进行调查，所以译例的难易程度并不能体现学生群体的现实水平。

（2）译文不够规范和妥当。在译例中，很多译文在词语处理上不够妥当，一是用词比较生硬，二是常常会出现漏译和翻译超额的现象。另外，译文的风格也常常与原文不同。

（3）对于题材上，大多数教材的译例都只是选择文学、新闻等，覆盖的领域不够广泛。

（4）大多数译例并没有体现翻译技巧，这很难让学生真正领悟到翻译技巧的本质。

（5）大多数译例都是单句或者段落，而整篇的译例却非常少。因此，学生无法结合上下文思考翻译理论。另外，没有上下文的译例并没有标明出处，这就造成教师也很难给学生提供其关联的背景知识，那翻译评论也就遥不可及了。

（6）所选择的译例缺乏权威性和典型性，甚至很多实例都来自于网络。

4. 练习缺乏针对性

配套的练习也是翻译教材的一个重要组成部分，目前，多数翻译教材的练习缺乏科学性和针对性，主要表现为以下几个方面。

（1）翻译练习的内容比较杂，而且难易程度也不均等，有些句子缺乏上下文关联，很难进行翻译。

（2）练习一般比较单一，基本上都是列出一段文字，下面就是翻译。参考答案也比较简单，缺乏详细的解释，这会经常让学生感到困惑。

（3）从形式上来说，大多数练习都是词、段落、句子、语篇的互译，将内容局限于形式的对比上，缺乏趣味性。

（4）大多数教材编写者对于练习的选择比较盲目和随意，一般就是摘录外国书籍或者报刊、杂志的文章。只要是有英汉对照的练习，就直接拿过来编写到教材里面，甚至连出处都不标明。

（三）翻译教材的改善

翻译教材的编写和建设需要理论做指导。陶友兰教授依据交际理论、目的论、可读性理论、教育心理学理论以及市场学理论对翻译教材的建设提出了一些指导意见。

从可读性理论来说，它强调的是对语篇理解有影响的内、外因素。其中，内部因素主要包含使用者的知识、动机等；而外部因素主要是指应用于语篇的语言特征，如语篇结构、语篇组织、语义成分等。这一理论对翻译教材提供的指导意见有三个层面：一是教材编写者最好是熟悉学生知识结构的一线教师；二是教材编写者一定要准确定位使用者，并基于此确定翻译教材的重点及难点；三是翻译教材在出版之前，可以作为试讲材料以便教师判断它的可读性。

从交际理论上来说，翻译教材应该体现三个方面的原则：一是翻译教材以交际教学为特征，构建一种互动式的教学环境；二是教材应引入文化知识，因为翻译并不仅是两种语言之间的转换，更是文化的转换；三是翻译教材应该体现开放性特征，包容符合交际的任何策略。

从目的论来说，目的论主要包含三项基本法则，即目的性法则、连贯性法则以及忠实性法则。其中目的性法则是指翻译目的决定了翻译过程；连贯性法则是指译文必须要做到连贯；忠实性法则是指译文与原文应该保持一致。这三条法则对翻译教材提供了以下指导意义：一是教材编写过程中要对翻译的内涵和外延意义进行重申；二是教材中要体现多元化的翻译标准和策略；三是翻译教材应该发挥出翻译者的主观能动作用，让译者通过教材达到对各种技巧的掌握；四是翻译教材的编写应该符合使用者的需求。

从教育心理学理论来说，基于其指导下的翻译教材应该体现三个标准：一是教材编写者应该将建构主义理论与行为主义理论融合于教材中，其中建构主义理论要求教材能够将学生头脑中存储的知识激发出来，并获得真实的素材；而行为主义理论要求教材应该提供更多的译例来用于学生的实践活动。二是教材编写者需要对学生的现有知识水平有清晰的了解，进而将充足的条件提供给学生，使其将新旧知识进行关联。三是教材的练习应该把握任务的导向作用，激发学生的学习兴趣和积极性。

从市场学理论来说，其对翻译教材编写有两个层面的要求：一是教材编写者应该首先做好需求分析，然后分析市面上各种教材的使用意见；二是编写翻译教材的应该是经验丰富的学者。

上面这几点主要是从宏观层面上分析了翻译教材建设的指导原则，下面就从更细化的角度来研究一下翻译教材具体内容的组织和编排原则，希望为以后的教材编写提供一些意见。

1. 注重英汉语言与文化的对比

对翻译教材的建构需要建立在英汉语言与文化的对比上。语言是文化的载体，是文化的体现，两种语言的转换过程中不可避免地伴随着两种文化的转换。通过两种文化的对比，可以更准确地、明显地展示出两种语言的异同点，让使用者可以去判断，进而进行整合，最终促成交际。

对于非英语专业的学生来说，他们的英语基本功相对薄弱，因此翻译教材更应该突出英汉语言的对比，尤其是语言结构的对比。美国著名的翻译理论家尤金·奈达（Eugene Nida）曾经明确指出翻译就是两种文化的交流。对于实用性来说，非英语专业学生掌握两种语言背后的文化比习得语言更为重要，因为词语、句子等只有放置于其文化中才会更有意义。因此，翻译教材建设应该努力从语言对比层面扩展到文化对比层面，这样有利于学生深刻地领悟翻译现象，从而找到问题的解决办法。

2. 遵守译例编选的原则

译例是翻译实践的重要体现，从某种意义上来说，译例相当于翻译教材的皮肤和血肉。译例充实、得当，会使理论更具有说服力；译例不足或者错误过多，就会使教材显得干瘪。因此，译例的质量是影响教材质量的直接因素，所以在教材编选的时候，一定要遵循以下几方面的原则。

（1）选材要广泛、新颖。翻译教材应该适应时代发展的需求，反映最新的研究成果。因此，译例应该新颖，并且译例所涉及的内容要广泛，包含报刊、杂志、演讲、科技、文学、公函等。有一些教材偏向于使用大量的古典文学著作或者专业性较强的科技篇章，这样就使得教材内容显得过于狭隘，无法给学生提供符合实际的指导。另外，翻译教材在选材上应该将知识性与实用性结合、学术性与趣味性结合、新颖性与审美性结合。对于一些人文知识、科学知识等常用的知识应该做到兼容并包，取其精华。例如，简化很多教材中涉及的习语，习语并不是多多益善；关于全球化、基因工程、新闻事实、网络技术等，这些都是老生常谈的问题，应该在教材中有适量的体现；翻译名家的美文、名句等，也需要有所应用。

（2）材料来源要可靠。翻译作品凝结着人们的智慧，是人类文化遗产的重要内容，因此应该重点保护其知识产权。按照惯例，无论是选自名家还是其他出版物都需要注明出处，这不仅是为了表达对作者的尊重，也是为了方便使用者进行查阅。但是，很多教材都没有注明译例的出处。很多内容都是节选的，缺少文化背景以及上下文知识，因此注明出处有助于教师查阅与其相关的知识。

（3）译例要注重准确性。如果说教材是教学的工具，那么译例就是教材的工具。所以，译例必须要准确，如果丧失准确性，必然失去其自身的价值。事实上，译例是翻译的模具，教材编写者可以通过它们展现翻译的艺术魅力。作为模具，首先要是精品中的精品。但是很遗憾，翻开一些教材，错误比比皆是，呈现在我们眼前的有几个方面的错误，如语义失真、漏译和超额翻译、逻辑不通、表达啰嗦、用词不当、逐词死译以及与原文风格不符等。因此，译例需要大量的推敲，进而保持准确性。

（4）译例要注重审美性。从美学的角度来说，翻译是一门艺术，是一种富于创造性的艺术。因此，对于译例来说，无论是自编的还是引用的，原文也好，译文也好，其都应该具有典型性以及内外的美感，译例的美感主要体现在修辞、风格、意境、语气上。例如：

原文：...and I had not known you a month before I felt that you were the last man in the world whom I could ever be prevailed on to marry.

译文：认识你还没有一个月，我就觉得像你这样一个人，哪怕天下的男人死光了，我也不愿嫁给你。（王科一 译）

在上述例子中，原文选自《傲慢与偏见》中伊丽莎白（Elizabeth）的一段话。将 you were the last man in the world 翻译成“哪怕天下的男人死光了”，看起来译文没有什么问题。但是伊丽莎白是受过教育的，也是乡绅的女儿，这样略带粗俗的翻译显然没有多少美感可言。

3. 规范练习的设计

陶友兰从认知的角度分析了翻译教材的练习部分，指出翻译练习应该符合交际和认知的规律。从交际规律上来说，翻译练习要做好三个方面：一是练习的内容要具有针对性和实用性，因为练习的目的是为了帮助学生练笔。学生能够熟练地进行翻译，也必然可以面对以后形形色色的翻译任务。二是练习的语言文字要精准，要具有时代性和典型性。三是翻译练习的题材、文体、风格等要搭配得当，要具有多样性特征。从认知规律上来说，翻译教材练习一定要考虑主、客观因素，即教师、学生以及环境等。同时，翻译练习应该给予教师和学生充足的自由，发挥教师和学生的主观能动作用。另外，在难易程度上练习应该符合学生的认知水平。翻译练习的形式不能仅仅是英译汉、汉译英，还应该包含选择、填空、纠错、判断、问答等，这样才能全方位地提高学生的翻译技巧和策略，从而使其把握翻译的规律。学生也可以在这种多样的形式中逐步加深对翻译的理解。

4. 处理好理论与实践的关系

理论与实践相结合本是哲学观点，后来逐渐被应用到教学中。但是在翻译教材建设中，这一理论并未得到很好的贯彻。而且一直以来，教材的设计应该是以理论为主还是以实践为主一直是一个受争议的问题。目前，大多数翻译教材都是重点介绍各种翻译技巧和策略，但是轻视了翻译理论的介绍。翻译理论为翻译技巧和策略提供了理论依据，因此翻译教材必须将理论与实践相结合。理论与实践相结合，首先体现在理论对实践的指导作用上。在两种语言进行转换以及文化的传递过程中，翻译自始至终都离不开理论，没有理论做指导的翻译是盲目的、不科学的。翻译理论能够使翻译实践更理性、科学。著名的翻译家纽马克（Peter Newmark）提出了翻译理论的以下四点作用。

（1）能够确定并解释翻译中的一系列问题。

（2）能够描述翻译的步骤和过程。

（3）能够指出与翻译问题相关的一系列因素。

（4）能够提供合理的翻译标准和程序意见。

在翻译教材中做到理论与实践相结合，需要注意以下几点。

（1）在翻译教材中，理论与实践的比例要得当。理论应该占 20%—30%，而实践占 70%—80%。理论知识的介绍应该突出重点，而不是面面俱到。理论知识可以分成两大模块处理：一是精心挑选纯粹的理论知识，在开篇进行论述，但是不要过于繁多，所涉及的内容包含翻译的定义、本质、标准、过程、翻译史等；二是和翻译技巧、策略相对应的应用理论知识，设于译例的前后，尽可能地详尽，所涉及的内容有词语翻译问题、句法翻译问题、语篇翻译问题、翻译与文化问题等。

（2）翻译理论的语言表达要尽可能通俗易懂，少用专用术语。

（3）翻译练习的讲解要用理论来支撑，做到有理有据。翻译练习是对翻译理论的检验，不能仅仅提供答案，一定要注重将练习中的理论进行重点说明。

5. 做好教材出版工作

教材编成后要进行出版并推广，但是编写者与出版者之间常常会不一致。编写者主要考虑的是使用者的需要，而出版者当然更多的是考虑市场需要。出版方一般要考虑两个方面的内容：一是市场的容纳和接受度；二是扩大自身的影响力，获取双重效益。毋庸置疑，出版社对翻译教材的作用也很重要。为了能够完善翻译教材建设，出版社应该从以下几个层面着手。

（1）要认识到出版社在翻译教材中的作用并努力发挥其作用。由于翻译教材市场的不断扩大和发展，出版社应该尽可能地适应市场、社会的需求，不断积极预测和探索。

（2）要努力调动出版社人员的积极性，这样才能保证教材的质量更高。如果编辑不够认真，校对不够细致，运作也不合理，很容易造成教材质量低下。

（3）积极开展学术交流和教师培训，一方面可以开阔教师的视野，另一方面也能够帮助教师了解最新的学术动态。

6. 评估使用翻译教材

翻译教材面向的是教师和学生，因此他们要对这些教材进行认真阅读，并评估此翻译教材的合理性。如果此教材符合其需求和目标，那么就可以继续选用，反之则果断放弃。或者如果只是一小部分内容不够合理，那么可以考虑进行改编或者借鉴其他的合理教材。

翻译教材评估一定要保证客观性，一般情况下可以从外部评估与内部评估两个方面着手。外部评估，涉及的是教材的外观、排版以及体例等。例如，查看其体例是否完整，所谓体例完整就是指包含前言、正文、术语、练习、索引以及参考文献等；布局是否合理恰当；辅助材料是否包含图、表、音像资料等；印刷是否清晰，有没有错印、漏印；文字是否有差错等。内部评估，主要是从内容来说的。首先，应该对目录进行分析，仔细查看其安排是否合理。其次，从中选取一部分或者某一章节来分析其难易程度是否得当，理论阐释是否清晰，例证以及练习是否具有典型性，译文是否准确等。

另外，教师和学生如果发现教材不合适，可以进行合作补充或者合作改编，这主要从以下五个步骤着手。

（1）查找材料，评估材料。

（2）分析。与目标不一致的内容比例占多少，需要补充的比例有多少，需要修改的比例有多少。

（3）分类。将这些需要补充或者修改的按照目标分组，如哪些属于媒介，哪些属于内容，哪些属于技能等。

（4）补全。可以自编材料或者选用其他材料。

（5）重新组织。

二、翻译测试探究

翻译测试是近年来比较热门的新型研究方向，兼具翻译学和测试学的学科特点。它不仅是翻译教学体系的一个重要环节，而且也是翻译教学质量评估、检查教学大纲的执行情况以及促进教学改革的重要途径。

（一）翻译测试的定义

现有的汉英或英汉词典并没有将“翻译”和“测试”两个词放在一起去解释，但是一些翻译学者将二者结合在一起并对其下定义，以下是一些较有代表性的定义。

王全瑞（2006）指出，按我们通常的理解，翻译测试就是对翻译知识、理论和技能进行的测试。

穆雷（2007）认为，翻译测试是用来检验被测对象对翻译实践能力掌握情况的一种手段，涉及对答题内容的评判，因此跟翻译批评、翻译评估或评价和语言测试等都有关联。

罗选民（2008）指出，翻译测试是翻译教学中的一个重要环节，它可以帮助我们评价翻译教学的质量，判断学生是否学到了应掌握的翻译教学内容，是否具有了翻译能力。

通过以上定义可知，翻译测试的核心在于对测试对象翻译能力的把握和分解。翻译能力是“能胜任翻译任务的主观条件”（罗选民，2008）。因此，翻译测试就是将翻译能力分解成若干评估的因素，或在命题时设法使翻译能力通过翻译实际操作体现出来。

语言测试是指通过测量目标能力的表征行为，从而推论被测人的目标能力。翻译测试作为一种语言测试，它在测量翻译能力时需要把这些翻译能力分解为表征行为，并据此推论被测人的翻译能力。翻译测试是一种间接测量的手段，它比直接测量更容易产生误差。教师在测试过程中要尽量减少人为的误差，增加测试的效度。

（二）翻译测试的分类

随着翻译测试研究的不断深化，翻译测试作为翻译教学评价手段已经应用得越来越广泛。根据不同的人才需求、形式和内容等标准，翻译测试可以作如下分类。

1. 按照人才需求层次的标准划分

翻译测试呈现出多层次性的特点，根据人才需求的层次以及翻译测试手段、目的等诸方面的层次，翻译测试分为以下几种类型，如图6-1所示（黄忠廉，1998）。

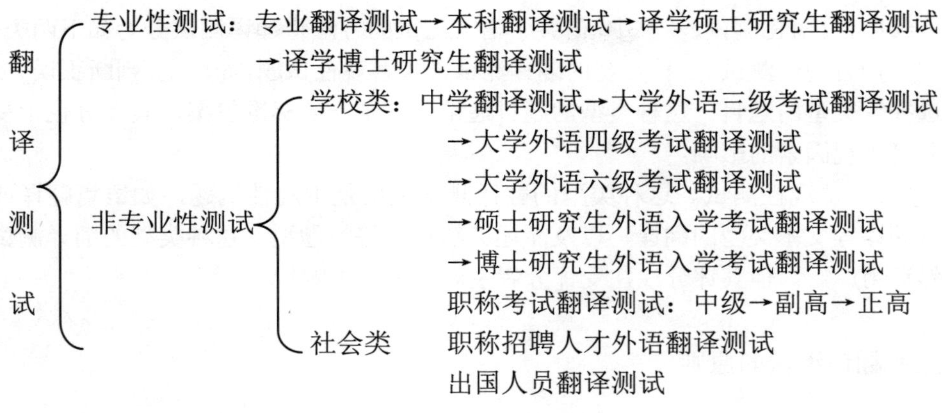

图6-1 翻译测试分类

2．按照翻译测试形式的标准划分

有关翻译测试的专门研究起步较晚，且一度不受重视。如今在翻译理论和翻译实践的不断完善之后，翻译测试的形式类别已经基本固定。一般来说，翻译测试包括笔试和口试两种类型。笔试和口试又可以细分为英译汉和汉译英两种类型。目前，笔译测试明显多于口译测试，英译汉的测试明显多于汉译英的测试。其中，笔译测试广泛应用于区域性大型外语考试和全国性外语考试，口译测试广泛应用于外语院系专业翻译测试以及社会用人单位的面试。针对笔译测试以及英译汉测试的研究相对比较全面，有关口译测试以及汉译英测试的研究仍有很大的发展空间。

3．按照所测试能力的标准划分

语言测试的“结构效度”理论，重点分析翻译测试所针对的能力类型及其是否达到了测试目的，并进一步明确翻译测试所针对的能力类型。

根据奈达的翻译过程模式以及《高等学校英语专业英语教学大纲》对翻译教学的要求，翻译测试所要考查的三种能力是理解能力、表达能力以及翻译知识。学生的翻译基础理论、翻译技巧以及英汉两种语言和文化知识的掌握和运用，也是翻译测试的内容。由此可见，翻译测试按其所测试的能力内容可分为理解能力（功能）、表达能力和翻译知识三类。其中理解能力（功能）是领会式能力，表达能力是产出式能力，翻译知识为源语的理解和译语的表达中所涉及的翻译理论、技巧和英汉语言对比的知识。

4．其他标准的划分

邹申在《语言测试》一书中，借鉴了语言测试的方法将翻译测试分为如下两类。

（1）客观性测试。这种类型的翻译测试采用客观性试题，如填空、判断正误、多项选择等类型的题目。这种类型的题目通常只有唯一的标准答案，其评分也不受评分者主观因素的影响。

（2）主观性测试。这种类型的翻译测试采用是主观性试题，如语篇翻译或段落翻译等文本类型的翻译，以及简述、解释回答等题型。这种类型的翻译测试虽然运用广泛，但其评分往往受评分者主观因素的影响较大。

（三）翻译测试的原则

语言测试专家阿兰·戴维斯（Alan Davies）坚持认为，测试不是教学，测试的运用不同于教学实践，它是一种提供信息的方法，而所提供的信息可以应用于教学。所以，翻译测试可以被看作英语翻译教学的一种检测手段。一方面，它帮助教师利用测试的结果了解翻译教学的情况，调整教学方法和内容，从而提高翻译教学的质量；另一方面，它帮助受试者了解自身的翻译水平，调整学习方法和学习方向。为实现这一目的，翻译测试必须遵循两大原则：效度和信度。

1．效度原则

（1）效度的定义。效度（validity）是翻译测试的第一原则。这里的“效”是指测试是否站得住脚，是否经得起推敲。因此，测试中的效度即为测试的有效性，是指测试是否能够真正测试设计者想要测试的内容。效度是测试的基本出发点，没有效度的测试就失去了存在的价值。有学者也曾质疑这样的翻译测试是否与翻译发生的实际情况一致，以及这种翻译观下的测试是否具有较高的效度。海德格尔（Martin Heidegger）认为，人们用语言为客观存在的事物进行命名，继而将存在的事物与语言联系起来。这种观点表明符号本身与客观事物并无联系，只有指向客观事物以后，人们才能对客观事物有所认识，语言的意义来自于主体的阐释。翻译既然是意义的传递，就会受到翻译主体和翻译环境的影响，因此就不单单是简单的语言转换，而是发生在一定环境中的社会交际行为。从理论上讲，以语言转换为核心的翻译测试并不具有较高的结构效度。从翻译实践发生的过程来看，译者在翻译时需要根据翻译的目的、要求来协调原文作者与译者、原文与译文、源语与译语等之间的关系，然后选择合适的翻译方法。这个过程是译者不断协调多方面因素的一种社会交际活动。翻译的结果可能与原文的字面信息完全一致，也可能存在分歧，这由翻译的目的和要求决定。结构主义翻译测试则将翻译从真实的情景中分离出来，在假想中检测受试者的语言转换能力，因此其真实性就必然有所下降。

2. 信度原则

（1）信度的定义。信度（reliability）是测试的第二个重要原则。信度是指测试结果的稳定性、可靠性。通俗地讲，用同一份试卷对同一组学生测试两次或多次，如果每次结果基本一致，则说明该测试信度较高。严格来说，信度包含以下两层含义。

同一评卷人在不同时间阅卷，结果基本相同。

不同评卷人的阅卷结果大致相同。

信度的高低对测试十分关键，一份没有信度的测试是没有借鉴价值的。因此，检验测试信度成为测试的重点关注内容。检验测试信度的方法有很多种，常用的有以下三种。

试题分半法（split-half method）。即只进行一次测试，然后将试题的题号按照奇偶数分为两半，计算两半所得分数高低排列的相关性。

平行试题法（parallel forms method）。即设计一套形式及内容与原来的试题类似的试题，让同一组参加考试的学生在时间连续或间隙很短的情况下先后考原试题和平行试题，然后计算两次成绩的相关性。

考试后复考法（test/retest method）。即用同一套试题，在考试后较短时间内对同一组学生再进行一次考试，然后将两次测试考生的分数排序，计算其中的相关性。

（2）翻译测试中的信度。翻译测试中的信度是指测试多大程度上测出了其所要考查的内容。例如，若要考查学生对翻译规则、技巧（如直译、意译、转化、增减译、分合译等）的掌握程度，可以让学生根据原文从多个译文中选择最合适的那一个，或让学生翻译需要用到这些翻译技巧的句子；若要考查学生翻译的速度，则要选择一些长短、难易适中的材料，且不允许学生使用工具书；若要增加语篇翻译测试的效度，在设计试题时可以注明文体（如记叙文、说明文、描写文、议论文等）、给出翻译目的（如将译文发表出来等）、明确读者群（学生、专业人士等）等，这样测试出来的结果可信度较高。

总的来说，效度和信度是测试必须遵循的两项基本原则。效度必须建立在信度的基础上，信度是效度的必要条件；但是没有效度的测量，即使它的信度再高，这样的测量也是没有意义的。有的测试可信且有效，有的测试可信但无效，有的测试不可信且无效。效度高，信度一定高；而反过来就不是如此。

（四）翻译测试的现状

1. 精读课翻译教学测试现状

谭秀梅（2006）对目前精读课程中的翻译练习与测试手段进行了详尽的调查和描述，并概括了翻译测试的现状，具体如下。

（1）没有翻译教程，一般仅在精读课中安排翻译练习。

（2）无论是文科还是理科，大学英语精读课程提供的翻译训练仅仅是几个句子，目的在于巩固课文所涉及的词汇、句型结构等语言知识。

（3）目前一至四级英语课程以精读为主，配以听力教程和泛读教程。

（4）期末考试中的翻译测试一般在一、二级阶段采用单句翻译的测试题型，在三、四级单纯针对翻译的测试已经消失，这些练习和测试不是以提高翻译技能为目的的，学生在整个大学英语学习过程中根本没有语篇翻译训练。

从上面的调查可以看出，尽管教学大纲对翻译能力做出了明确要求，但现行的课程体系缺乏对翻译技能训练的指导，因而相应的语篇英汉互译测试也无法有效实施。这直接导致大纲对翻译能力的要求在实际的英语教学中得不到落实，学生翻译能力的提高更是无从谈起。

2. 权威考试翻译测试现状

当前，我国涉及笔译测试的大规模考试主要包括以下三类。

（1）外语翻译证书考试（英汉互译）。此类考试将翻译水平作为主要目标，翻译项目构成全部考试内容。

（2）全国高等学校英语专业八级考试、全国大学英语四级考试和全国硕士研究生入学英语考试。这类考试以检测外语水平为主要目标，笔译项目只是考试内容的一部分。

（3）上海市英语中、高级口译岗位资格证书考试（英汉互译）和全国翻译专业资格（水平）考试（英汉互译）。此类考试的主要目标是测量翻译水平，笔译测试只是考试内容的一部分。

由此可见，我国现行的翻译测试在数量和质量上都存在弊端，教育界对翻译测试仍然不够重视，因此翻译测试也就很难有效地与相应的教学阶段接轨。

（五）翻译测试的发展

1. 细化翻译能力要求

我国翻译测试主要在大学阶段进行。《大学英语教学大纲》对学生的翻译能力有三个层次的要求。

一般要求：

（1）能利用工具书对题材熟悉的语篇进行英汉互译。

（2）英译汉达到每小时 300 个英语单词，汉译英达到每小时 250 个汉字。

（3）能在翻译中适当地使用翻译技巧，译文基本流畅。

较高要求：

（1）能利用工具书翻译一般英语国家报刊上题材熟悉的文章。

（2）能摘译所学专业的英语科普文章。

（3）英译汉达到每小时 350 个英语单词，汉译英达到每小时 300 个汉字。

（4）基本做到译文顺达、无重大语言和理解错误。

更高要求：

（1）能利用工具书翻译一般英语国家报刊上有一定难度的文化、评论、科普等文章。

（2）能翻译介绍中国国情、文化的文章。

（3）英译汉达到每小时 400 个英语单词，汉译英达到每小时 350 个汉字。

（4）做到译文顺达、内容准确，语言错误少，基本无误译。

《大学英语教学大纲》是英语教学的指挥棒，应在上述要求的基础上进一步将抽象的要求具体化。可以通过限定生词量、文章的篇幅、题材等几个方面来对翻译材料的选择给出参考信息。同时，应增加对翻译技巧的要求，如分译法、合译法、反译法、增减译法等。这种细化的大纲要求才能对翻译教材编写、教学安排和测试的组织提供可操作性的依据，使翻译教学沿着有序的道路前进，让学生逐步提高翻译能力。

2. 测试多样化

（1）增加测试题型。穆雷（2006）曾在《翻译测试及其评分标准》中指出，翻译测试的题型应该多样化，如单句翻译、短文翻译、选择、判断、填空、改译等都可以作为一种选择。

①单句翻译题。例如：

These men are taking from me in ten minutes what it takes a week to make.

译文 1：这些人从我这里夺去的十分钟我得花一星期才能补上。

译文 2：这些人用十分钟从我手里夺走的东西，我得花一个星期才能弥补。

本例中，谓语是 to take sth. from sb.，what it takes a week to make 是 are taking 的宾语，由于原句中的谓语和宾语不是直接相连，因此很容易影响译者对句子的理解。这种难度的句子能够有效考查学生的理解能力和翻译能力。译文 1 错误，译文 2 正确。

②判断题与多选题。这两类题目都是客观题，能够考查受试者的翻译技巧。但是，多选题的多个选项之间不应有太大的差别，否则就会使正确答案过于明显，达不到测试的目的。

③段落填空题。即让受试者根据原文在译文空白处填上适当的内容，这类题型对受试者的翻译能力有较高的要求。

④改错题。即让受试者发现译文的错误，如对原文语言理解的错误、由于文化能力缺乏而导致的翻译错误等并改正错误，这类题型能有效检测受试者的翻译综合能力。

⑤无条件限制翻译题。一般是指传统的段落翻译，但命题需要考虑受试者的知识水平，难度要适宜，否则都会影响对学生翻译能力的考查。

⑥有条件限制翻译题。一般是指在一段文章中对一些重要的测试点提出条件进行限制，如考查受试者分译长句或将抽象名词具体化的能力等，目的是培养受试者的转换能力。

⑦译评。首先，选评的译文必须难度适中。译评的对象主要是语篇，有时也可以是语篇中的画线句子。译评题有利于检测受试者的知识深度和综合翻译能力，但是由于主观性大，评分标准不好把握。因此，测试者要全面考虑试题中所包含的评析点并制订相应的评分标准，尽量使评分客观、科学。

（2）开卷测试与闭卷测试相结合。在平时的翻译课堂教学中，教师应多采取开卷和闭卷相结合的方法。两种形式各有优点。

①开卷考试的优点。开卷考试有利于试题难度大的考试，因为学生必须借助工具书才能解决某些术语和难题。开卷考试让学生有充分时间来理解和吃透原文，对译文进行修改，这种测试能够准确地考查学生深层次的翻译能力。

②闭卷测试的优点。闭卷考试的选材常常是社会文化和科普知识，题量、难度适中。

能够检查学生对所学知识的运用。

能较好地对规模大的受试群体进行有效的水平测试。在闭卷考试中，由于学生没有足够时间来推敲译文，其译文质量往往不高，不能准确反映学生的翻译能力。

（3）灵活采用全译题命题和间接题命题。宋志平（1997）和徐莉娜（1998）认为，目前可行的、适用于翻译测试的题型有两类：全译题和间接题（如正误判断、填空题、简答题、改译题、论述题等），这两类题目的编写都有各自的特殊要求。

①全译题命题的要求。翻译材料新颖，语言简洁地道，能够吸引受试者，生词有限。测试者在翻译材料上附上两段文字，并对生僻单词进行注释，便于受试者充分理解原文。题目中涉及的相关知识不能过于冷僻，同时还要注意错开考点难度，从而拉开考生差距。

②间接题命题的要求。选取适合考查受试者阅读理解能力和接受型语言技能的材料，判断考生的宏观和微观翻译决策能力，关注受试者目的语语法和文法的应用能力。

3. 科学地设计试题

（1）真实性原则。翻译试题的编写只有真实，测试结果才能反映出受试者的翻译能力。因此，要注意以下几点。

①试题设计要考虑考生的背景、教学现状、社会因素，翻译材料的体裁、题材也应灵活多样。

②试题设计要充分考虑学生已有知识，在不得不使用学生不熟悉的文化材料时需要提供注释，使学生理解试题语境。

③测试者可以根据测试目的提供一些关于原文作者、原文、译文读者、翻译要求等方面的信息。

（2）细致性原则。所谓细致性原则，是指编写翻译试题时不应忽略对学生翻译能力中各项能力的考查。例如，间接笔译测试除了要考查受试者的目的语写作能力和微观翻译能力以外，还要考查受试者的源语阅读能力和宏观翻译能力，具体来说包括以下四个方面。

①考查高级源语阅读能力的试题重心应放在较高层次的分析技能上。

②考查目的语写作能力的试题应占较大的比例，并尽量采用控制性写作形式（写作内容来源于原文）。

③根据考试目的来确定考查宏观翻译决策能力的试题数量。

④考查微观翻译决策能力的试题应占较大的比例，从词汇、句子、语篇等多个层面来设计试题。

（3）主客观试题相结合原则。设计翻译试题时，测试者应遵守主客观试题相结合的原则。客观题评分方便，但编写难度较大，不容易把握效度，也不容易测量受试者高层次的语言能力和交际能力。主观题容易编写，但样本量小、覆盖面窄、代表性差。如果只使用一种类型的试题，会降低测试的效度与信度。另外，测试者还可选择填空、简答、改译、译文比较等兼有主、客观题型特点的题目，从而使测试能够更加全面、如实地考查受试者的翻译能力。

第三节 翻译教学中跨文化意识的培养

一、跨文化意识的概念

跨文化意识（Cross-Cultural Awareness）是学习者所特有的思维方式、判断能力，以及对文化因素的敏感性。传授与学习文化知识只是培养跨文化交际的开始，英语文化教学重点在于培养学习者的跨文化文化意识，使学习者有意识地、自觉地认识到中西方文化差异，懂得从多重角度判断和理解这些文化内涵，其终极目标是使学习者形成自己的文化观与跨文化交际能力。随着经济全球化、政治一体化及社会活动的全面发展，世界各国之间的跨文化交流也越来越频繁，很多有着不同文化背景的人们之间相互交流的趋势也在不断加强，而在这个过程中，语言就成了他们进行交流和沟通所必需的交流工具。由于语言和文化的关系通常是密不可分的，而语言又是文化的重要组成部分和突出的表现形式，因此可以说语言就是文化的载体。反过来，各民族的不同文化又深深地植根于不同的语言之中。

人类的文化交流有着悠久的历史，它随着语言的产生到现在，一直通过语言来进行交流。而不同的文化之间进行交流（跨文化交流）就必须通过翻译来实现。著名作家于冠两先生曾说过：“人类文化从整体来说，是各国、各民族文化汇聚、交流的产物。”可见，如果没有翻译，跨文化交流也就不可能得到实现。作为跨文化的桥梁，翻译在信息传递的过程中起着非常重要的衔接作用，这也就使得翻译人员的重要性得到充分展现。

跨文化意识作为跨文化交际研究的重要内容之一，是指外语学习者对于所学习的目的语文化具有较好的知识掌握和较强的适应能力与交际能力，能像目的语本族人一样来思考问题并做出反应，以及进行各种交往活动。或者说，跨文化意识指的是外语学习者在跨文化交际中所特有的思维方式、判断能力以及对交际过程中不同文化因素的敏感性。在交际过程中，参与者具备这种意识就会受到启发和指导，而不受文化差异的负面影响。在无具体交际事务时，它仍然能够对学习者的学习和思考起着引导的作用。

虽然翻译人员非常重要，但是如果译者对语言所承载的文化不甚了解，也就不能准确无误地表达出原句所要表达的意思。因此，多数的译者会在跨文化的交际中促使自己自觉或不自觉地形成一种认知的标准和调节方法，也就是形成一种跨文化意识。也就是说，跨文化意识是译者所特有的判断能力、思维方式以及在交际过程中对文化因素的敏感性。

还有学者认为跨文化意识是人们在进行文化交际中，参与者对文化因素的敏感性认知，他们通常认为跨文化意识分为以下四个层次。

第一，学习者通过旅行、杂志、教科书对于表面明显的文化特征有所了解，但认为它奇特而不可理解。

第二是通过文化冲突的某些场合，了解到与自己文化明显不同的文化特征，但还是不太理解。

第三是通过理性分析，了解到那些微妙而有意义的文化特征，从认知的角度认为可以理解。

第四层次是通过深入体验其文化，学会了设身处地从当地人的观点看该问题，达到视其所视，感其所感的理解。这个层次是跨文化意识的最高境界，参与者必须具备“移情”（empathy）和“文化融入”（transposition）这两种能力。移情就是说译者不但要克服语言上的障碍，还要克服文化上的障碍，要能够设身处地地体味别人的际遇。文化融入指的是译者要在充分认识文化差异的基础上，全面了解与原文有关的历史、社会、文化、地理及其他相关知识，进而可以让原文所承载的社会、文化信息等在翻译中能够得到恰当的体现，也就是要从对方的文化背景上观察和思考问题。从这一点来说，译者是否具有跨文化意识或者这种意识的强弱将直接影响到译文的质量。考虑到不同文化背景的人所习惯的表达方式各有差异，译者除了要具备扎实的基本功之外，还要努力提高自己对文化差异的敏感性，结合自身的判断理解，正确、恰当、忠实地表达出原文所要传达的意图。这种能力和意识的培养对于译者是十分重要的。

跨文化意识的有无或程度的强弱直接影响着交际的质量。众所周知，英语目前已基本上成为一种跨国界的通用标准语言，然而，不同民族文化的交际者在使用英语进行交际时，在语用习惯上仍存在很大差别。因此，参与交际的英语学习者在具体的场合应做到“量体裁衣”。例如，对于坦率、自信的美国人，与其交流的英语学习者的言语中应尽量避免用如 might 等词语；对于办事讲计划、节奏不快的北欧人，与他们交谈时应放慢语速，用清晰详细的字句效果最佳；对日本人，面对不同级别的人时应注意使用不同的称谓；对重修养、讲礼仪的英国人应主动采用礼貌用语等，这些均为在跨文化交际中交际者应有的跨文化意识。可见，对文化差异具有敏感性对跨文化效际有着重要的意义。

二、在翻译教学中培养学生跨文化意识的方法

为培养学生的跨文化意识，教师应在训练学生掌握语言基本功的同时，帮助他们熟悉交际文化因素，并能够深入了解和掌握知识文化的内容。通常在翻译教学中会采用以下几种策略来处理翻译中的文化因素。

（一）重视文化知识

教师在进行翻译教学时，不应忽略文化知识要点的教学，要注意语言和文化知识的结合。课程结束时，教师要对语言知识和文化知识进行一个小结归纳，使学生的语言文化知识系统化。尤其应该注意的是，在期中和期末考试的试题中文化知识的考核应占有相当的比例。语言是信息的载体，也是文化的载体。学习一门语言，如果对其文化一知半解，必然影响到语言的学习。因此我们在学习语言的同时，应该重视文化知识的学习，这样才能真正掌握一门语言。

（二）运用灵活的教学手段

在进行英语翻译教学时，教师要灵活地运用教学手段，可采用英语实景电影纪录片、VCD或多媒体等直观教具进行教学，在教学结束后还要组织学生进行讨论。应提醒学生在看纪录片或VCD的时候，注意片中西方人日常生活的情景。比如，餐馆服务员和顾客对话、打电话时的习惯俚语、大街上相遇时的交谈等。看过之后，教师可以和学生交换彼此的意见，并通过追忆片景，相互提醒，补充片中的对白、旁白、独白等，这样的教学方式对学生获取基本交际文化知识十分有效。

运用灵活的教学手段，教师能够创造和谐并充满个性化的语言学习环境，组织学生积极参与到丰富多彩的教学活动中，增强他们在教学活动中的主人公意识，恢复学习英语的信心，进而激活其学习兴趣，实现教学目的。

（三）提高学生的阅读量

当今社会是一个知识大爆炸的社会，各种信息知识从四面八方扑面而来，要想获得有用的信息，必须学会从海量信息中检索和甄别。这是立足于当今社会必须掌握的一个能力。我们一贯的填鸭式教学，给学生讲授书本的内容显然是不符合时代的潮流的。那么具体来讲，对于一门课程，如何开展教学工作？根据以往的经验，总有一些经典的教材，但是这些教材肯定也不能面面俱到，这样就必须给学生制订一本相关的书籍，有所对照。教师应根据各年级学生的英语学习程度，在教学中有选择性地、适当地引入一些英语国家出版的涉及这些国家文化内容的书籍、报纸、杂志等，将其作为学生的阅读材料，来扩大他们文化知识的宽广度和增加他们对英语国家知识文化了解的深度。也可以通过布置学生阅读短篇故事或剧本的方式，要求他们记下其中有意义的文化细节等。事实上，在西方国家，以现实生活为题材的小说、剧本等材料中都包含了大量西方文化方面的内容，对于学生提高对其国家文化的了解很有帮助。同时，提倡学生阅读有关历史、人类学以及社会学方面的书籍，不仅可以帮助学生了解能够体现其他国家文化的具体实例，还能使其掌握一些与文化有关的概念与指导原则，而通常情况下，概念与指导原则往往比实例更为重要，因为他们会给学生提供一个合理的结构，借助这个结构，学生可以更加细致、深入地对本国及别国的文化进行仔细考察。这样一来，学生也就可以用一种比较灵活的态度来尊重、对待这些文化差异，也就不会固执地一味按本国文化的模式看待其他文化。除此之外，一些跨文化交际学方面的书籍可以帮助学生提高对文化差异的理解与认识，这些书籍如《跨文化交际学概论》（胡文仲）、《超越语言》（胡文仲）、《中英（英语国家）文化习俗比较》（杜学增）、《英语习语与英美文化》（平洪、张国扬）、《跨文化非语言交际》（毕继万）、《从翻译史看文化差异》（王克非）等。

（四）合理运用外籍人士资源

合理运用外籍人士资源是指英语的外籍教师作为短期讲学者给学生讲课，或定期请外教、外国专家作相关文化的课题或系列讲座的行为。聘请母语是英语的外籍教师担任英语教师，形成良好的语境氛围，教学过程中以听、说等语言应用为主导，加强学生应用英语的能力训练。部分学校常常会举办一些关于社会组织、价值观念、思维模式等有关于西方文化方面的报告或讲座，这些活动常常被学生认为实例新颖、生动幽默、趣味盎然，在学生中受到广泛的欢迎，同时也因为这一做法相对投资少、效果佳，现在已经被证实是非常适合我国现阶段大部分地区高校实际的优选教学法之一。除此之外，大多数学校都注意鼓励学生与母语是英语的外国人进行个人交往，其原因在于轻松的个人间的交往有助于学生学到许多课堂上学不到的东西。但到目前为止，这样的交往也在很大程度上受到各方面条件的限制，因此开展得不够普遍。

（五）将教学内容融入相关的文化

文化的不同往往会使人对同一事件、制度、人或事物等有不同的理解，这就要求我们要了解相关的文化知识。修辞使用的规则以及修辞的意义具有特定社会文化和言语共同体的属性。为此，我们在使用一种语言的时候要掌握该语言的修辞知识和文化指称。在教学中，教师应结合具体情境将教学内容融入相关的文化知识中，教师可以利用课前几分钟，讲解英、美国家的有关知识，特别是文化差异方面的知识。例如，到了 4 月 1 日，教师也可以先给学生介绍西方 April Fool' s Day 的相关知识，同时也要告诉他们节日的目的是彼此开心而不是恶作剧。在介绍 Thanks Giving Day 之前，教师可引导学生将自己了解到的感恩节内容与中国中秋节进行对比；然后，也要指出尽管我们国家没有感恩节，可是我们也要对父母、朋友心存一份感恩之心。Christmas Day 是英语国家最重要的一个节日，就像春节是中国人心目中最重要的节日一样，而且两者之间存在着许多的共通之处，如圣诞大餐和除夕团圆饭，接送圣诞礼物和收授压岁钱等。在师生的热烈交流中，学生得以兴致勃勃地重温相应的一些单词、词组。例如，Merry Christmas，Santa Claus，Christmas tree，jingle bells，make cards，wrap presents，get presents，give presents，eat turkey，See Grandma and Grandpa，the Spring Festival，lucky money 等。

由于培养学生跨文化意识的方法多种多样，不同的执教者所采用的方法也不尽相同，所以取得的效果也就存在着差别。长期以来，国内外研究者对培养跨文化意识有效方法的探讨一直没有停止过。相信随着跨文化交际学、人类学、社会学、社会心理学和教学法等学科研究的发展，人们会探索出越来越好的培养跨文化意识的方法。

参考文献

[1] 胡卫平．大学英语翻译 [M]. 上海：同济大学出版社，2001.

[2] 金朋荪．大学英语翻译理论与实践 [M]. 武汉：华中科技大学出版社，2009.

[3] 刘龙根，胡开宝，伍思静．大学英语翻译教程（第3版）[M]. 北京：中国人民大学出版社，2012.

[4] 楚承华．大学英语翻译与写作 [M]. 北京：外文出版社，2014.

[5] 王晓玲．大学英语翻译技巧 [M]. 沈阳：白山出版社，2015.

[6] 巴晶晶，李新，张宏．大学英语翻译与写作教程 [M]. 上海：上海交通大学出版社，2015.

[7] 鲍东梅．实用大学英语翻译综合教程 [M]. 北京：北京航空航天大学出版社，2015.

[8] 蔡基刚．大学英语翻译教程 [M]. 上海：上海外语教育出版社，2003.

[9] 肖艳，左瑜，于晓霞．实用英语翻译技巧与实践 [M]. 长春：吉林大学出版社，2015.

[10] 马光．英语翻译技巧百问百练 [M]. 北京：中国书籍出版社，2000.

[11] 张瑞娥．英语专业翻译教学交往体系建构研究 [M]. 上海：上海交通大学出版社，2013.

[12] 余高峰，华燕．英语专业八级翻译应试技巧与训练 [M]. 北京：国防工业出版社，2009.

[13] 刘柳君，臧国宝，冯华．英语翻译教学研究 [M]. 长春：吉林大学出版社，2011.

[14] 葛有进．跨文化交际下的商务英语翻译与教学研究 [M]. 长春：吉林大学出版社，2014.

[15] 曾剑平，叶卫华．新编大学英语翻译教程 [M]. 上海：复旦大学出版社，2015.

[16] 梁忠义．大学英语翻译与写作例解 [M]. 北京：地震出版社，2001.

[17] 刘莹，李阳，张宏．大学英语翻译与写作研究 [M]. 长春：长春出版社，2014.

[18] 严明．大学英语翻译教学理论与实践 [M]. 长春：吉林出版集团有限责任公司，2009.

[19] 姜毓锋，吴恒芝．大学英语翻译教程英译汉 [M]. 哈尔滨：黑龙江人民出版社，2006.

[20] 王平．大学英语翻译与写作指导 [M]. 北京：外语教学与研究出版社，2014.

[21] 刘娟，李艳，孟小佳．ESP 理论下的大学英语翻译教学研究 [M]. 北京：新华出版社，2014.

[22] 孙致礼．新编英汉翻译教程 [M]. 上海：上海外语教育出版社，2011.

[23] 朱全明．大学英语写作与翻译生成及其转换 [M]. 苏州：苏州大学出版社，2009.

[24] 张啸．大学英语有效教学研究 [M]. 成都：西南财经大学出版社，2012.

[25] 莫琼，黄炜．大学外语教学改革与实践研究 [M]. 昆明：云南大学出版社，2012.

[26] 薛家宝，陈许．英语语言文学研究论集 [M]. 上海：上海外语教育出版社，2002.

[27] 仲锡，李兆平．大学英语翻译规律手册 [M]. 北京：中国书籍出版社，2002.

[28] 钱亚敏．新里程大学英语翻译第 2 册 [M]. 广州：广东高等教育出版社，2005.

[29] 吕景霞，康强．大学英语专项技能分类教程综合分册 [M]. 北京：北京理工大学出版社，2010.

[30] 李朝，杨仲韬．大学商贸英语翻译教程教学参考书 [M]. 上海：复旦大学出版社，2007.

[31] 董晓波．商务英语翻译 [M]. 北京：对外经济贸易大学出版社，2012.

[32] 吴春梅，魏家海，张万防．翻译研究概论 [M]. 北京：外语教学与研究出版社，2012.

[33] 史澎海．工程英语翻译 [M]. 西安：陕西师范大学出版社，2011.

[34] 郝钦海．外语教学与研究论文集 [M]. 北京：首都经济贸易大学出版社，2006.

[35] 樊永仙．英语教学理论探讨与实践应用 [M]. 北京：冶金工业出版社，2009.

[36] 尚绮．英语翻译基础 [M]. 武汉：武汉大学出版社，2012.

[37] 张韵斐．现代英语词汇学概论 [M]. 北京：北京师范大学出版社，2004.

[38] 叶敏．英语语言与教学研究 [M]. 北京：宇航出版社，1996.

[39] 林涛．英语四级词汇连环速记 [M]. 北京：国防工业出版社，2005.

[40] 杨贤玉．英汉翻译概论 [M]. 武汉：中国地质大学出版社，2010.

[41] 郭芳，祁莎莎，李霞．跨文化的英语翻译研究 [M]. 北京：中国时代经济出版社，2014.

[42] 吴江梅．研究生英语教学与研究 [M]. 北京：中国人民大学出版社，2010.

[43] 王月仁．英语实用科技翻译教程新编 [M]. 哈尔滨：黑龙江教育出版社，2006.

[44] 尹扬帆．中国高校英语教学与研究 [M]. 上海：复旦大学出版社，2007.

[45] 薄振杰．中国高校英语专业本科翻译教学研究 [M]. 济南：山东大学出版社，2011.

[46] 陈德彰．英语翻译二级笔译 [M]. 北京：外语教学与研究出版社，2009.

[47] 刘宓庆．翻译教学：实务与理论 [M]. 北京：中国对外翻译出版公司，2003.

[48] 康洁平，梁艳智，李昌盛．现代英语翻译理论与教学实践探究 [M]. 长春：吉林大学出版社，2015.

[49] 陶友兰，查国生．研究生英语翻译 [M]. 上海：复旦大学出版社，2002.

[50] 郭茜等．MBA 英语翻译教程 [M]. 北京：中国人民大学出版社，2000.

[51] 戴文进．科技英语翻译理论与技巧 [M]. 上海：上海外语教育出版社，2003.